El ciclo virtuoso de las finanzas personales

Alex Carvajal

EDITORIAL SHANTI NILAYA

El ciclo virtuoso de las finanzas personales

1a edición, México 2025 | Editorial Shanti Nilaya®
Diseño editorial: Editorial Shanti Nilaya®

ISBN: 978-1-968500-33-7
ISBN EBOOK: 978-1-968500-34-4

www.editorial.shantinilaya.life

El ciclo virtuoso de las finanzas personales

Alex Carvajal

EDITORIAL
SHANTINILAYA

Contenido

“Si no encuentras una manera de ganar dinero mientras duermes, estarás condenado a trabajar siempre”

Warren Buffett

Agradecimientos

Gracias por adquirir este libro y ser parte de uno de mis sueños de vida; escribirlo ha sido parte de mi *bucket list*. Deseo que lo que aquí comparto te sea de gran utilidad para la construcción de tu estrategia de finanzas personales.

Mucho se habla sobre la libertad financiera, pero poco sobre su significado. Cada uno tendrá su propia conceptualización; para mí, se traduce en poder disfrutar lo que has logrado construir con años de trabajo y dedicación constante, mientras sigues trabajando.

La construcción de una estructura sólida de finanzas personales tiene que ver también con hábitos, con seguir aprendiendo y con acumular experiencia y conocimiento.

Le agradezco a mi querido amigo J. M. (†) que me enseñara el hábito de aprender algo diferente cada año.

A mis padres, que con su ejemplo de trabajo duro construyeron de la nada un negocio exitoso y una gran familia de nueve hijos y su descendencia.

A mi esposa, por estar a mi lado y compartir mi visión de vida.

A mi hijo, con mucho cariño y afecto.

A mis hermanas y hermano, con amor.

Introducción

El estatus de nuestras finanzas es el reflejo de nuestros hábitos cotidianos, de nuestras decisiones pasadas y presentes, así como de la visión que tengamos del futuro.

Recuerdo que hace 30 años debíamos hacer fila en el banco para realizar un depósito, contratar un pagaré o esperar un tiempo para hablar con un ejecutivo. Incluso, recuerdo perfectamente que, a mis 20 años, pregunté en una casa de bolsa cuánto dinero necesitaba para poder invertir, y la respuesta en ese momento fue: medio millón de pesos.

Hoy vivimos en un mundo digital, donde la inteligencia artificial se ha vuelto tema de todos los días. Las reglas del juego han cambiado a nuestro favor, tenemos acceso a muchas más opciones, puedes comprar acciones o bonos desde la palma de tu mano. La evolución en las últimas tres décadas ha sido exponencial; la tecnología nos permite realizar operaciones financieras al instante, lo cual es maravilloso. A donde voy con todo esto es simple: en la actualidad, maximizar la gestión de nuestras finanzas personales depende de nuestro esfuerzo y enfoque. Tenemos una gran cantidad de herramientas e información a nuestra disposición que debemos aprovechar.

He vivido diferentes contextos económicos, desde una economía cerrada donde no existían tratados de libre comercio, lo que nos dejaba secuestrados como consumidores y con opciones limitadas. Debíamos adaptarnos a lo que las compañías ofrecían. Recuerdo que, en el negocio familiar, debíamos cambiar con frecuencia los precios por las altas tasas inflacionarias y la educación financiera era limitada, por no decir nula.

La razón por la que escribo este libro es porque quiero compartir mi experiencia de una manera práctica y concreta de lo que he aprendido a lo largo de los años, en ocasiones equivocándome y otras tantas tomando decisiones que me han favorecido, al tiempo que me he esforzado por especializarme. Espero que te sea de utilidad para poder *diseñar tu propia estructura financiera*, que desde mi experiencia es *la mejor.*

Estoy convencido de que la estructura financiera más eficiente es aquella que se adecua a tus objetivos y necesidades. Si bien es cierto que hay algunas reglas generales, también lo es que, en la creación y diseño de una estrategia, solo Tú ERES protagonista y capaz de modelarla y adaptarla a tu visión de vida.

Como habrás notado en la carátula del libro, la estructura financiera la visualizo como un ciclo que resume la estrategia a seguir. Es simple, aunque no por ello fácil. Su adopción depende de cada caso y la intencionalidad.

Sin más, ¡vamos!

El efecto de las emociones

Las emociones y su impacto en las finanzas

El control de las emociones es uno de los temas más debatidos, no solo cuando hablamos de finanzas, sino, en general, sobre la forma en que los seres humanos respondemos a nuestro entorno.

Vivimos en una época en la que constantemente estamos bombardeados de información que viaja en tiempo real: publicidad que, con frecuencia, toca nuestro lado emocional, nuestro ego, y que puede llevarnos a tomar decisiones no necesariamente racionales, por lo que debemos prestar atención a cómo reaccionamos ante estos estímulos.

Las decisiones impulsivas pueden sacar de balance nuestras finanzas personales, teniendo una repercusión tanto en el corto como en el largo plazo.

Richard H. Thaler, premio Nobel y considerado el padre de la economía conductual, señala que las personas tenemos problemas a la hora de planificar en el largo plazo, ya que comúnmente sucumbimos a las tentaciones del corto.

La falta de un objetivo retador, pero tangible, nos deja vulnerables a las decisiones del "momento", perdiendo la perspectiva de los próximos años y atrapados en un ciclo que puede perjudicarnos financieramente.

Las emociones son parte de nuestra naturaleza humana. Veremos cómo no solamente desempeñan un papel importante en nuestro rol de consumidores, sino que, al momento de tomar decisiones de inversión, tienen una repercusión importante. El FOMO (miedo a quedarse fuera, por sus siglas en inglés) es probablemente la expresión más escuchada recientemente y, en consecuencia, un buen punto de partida para abordar el tema.

FOMO Fear of missing out

Si volteamos a ver al fantástico mundo de las inversiones, veremos que las emociones tienen una fuerte influencia. Compañías que pueden ponerse de "moda" conllevan incrementos en el precio de sus cotizaciones en periodos muy cortos de tiempo (*rally*). O, en el caso contrario, una mala noticia impacta negativamente y muchos inversores suelen vender sus posiciones, ocasionando que los precios se ajusten a la baja y reconociendo pérdidas en su capital invertido.

El FOMO (*Fear of Missing Out*), o "temor a quedarse fuera", es un fenómeno común en la psicología humana y no solo aplica en las inversiones, sino en nuestra cotidianidad en general. Esta sensación de "quedarnos fuera" nos puede empujar a tomar decisiones precipitadas y no informadas. En inversiones, es una expresión muy utilizada que, básicamente, lleva a la compra o venta de un activo ante el ajuste repentino de los precios ocasionado por noticias de último momento.

Costco es un ejemplo de lo que significa el *FOMO* en el consumo: existen lanzamientos que se agotan en cuestión de días u horas.

Y podríamos seguir ejemplificando. Ten en cuenta que vivimos en una economía consumista, ligada a "influir en nuestras emociones" y que, eventualmente, puede complicarnos las finanzas o hacernos perder opciones de inversión que hagan acrecentar nuestro patrimonio.

Hcity y el impacto de las buenas noticias

El comportamiento de la acción de Hoteles HCity, ejemplifica lo que puede ocasionar una buena noticia.

Durante 2022 se anunció que la cadena de hoteles sería adquirida por grupo Marriot, lo que generó un incremento en el precio de la acción, y como podemos ver en el gráfico anexo, la acción pasó de un mínimo de $6.54 a $9.20, esto significa una variación del +41%. Si vemos el comportamiento posterior a este periodo, el precio de la acción ronda los $4.75 pesos.

¿Cómo controlar las emociones?, desde la perspectiva financiera, te comparto algunas acciones que pueden ser útiles:

» Establece objetivos cuantificables.
» Define tus prioridades.
» Actúa en consecuencia de los puntos anteriores.
» Toma decisiones informadas.
» Realiza inversiones de acuerdo con tus objetivos.
» Sé consciente del costo de oportunidad.

Tienes que controlar tus emociones, y la mayoría de las veces eso significa que lo mejor que puedes hacer, ¡es nada!

Charlie Munger

Ciclo virtuoso de las finanzas personales

El ciclo virtuoso de las finanzas personales es un modelo que pretende resumir la estrategia financiera a seguir y que, en su simplicidad, invita a focalizar los esfuerzos. Es un sistema que retoma muchas prácticas financieras existentes, pero que, en su esencia, muestra que la creación de una estructura financiera requiere de esfuerzo, constancia y paciencia.

Podemos decir que es un sistema, inclusive lo llamaría un estilo de vida. No te promete hacerte millonario de la noche a la mañana; el modelo por sí mismo te habla de que la generación de riqueza es un ciclo y que, mientras más pronto lo inicies, los resultados en el largo plazo serán exponenciales.

Partiendo de la idea de que la creación de un ciclo virtuoso que estructure y potencie tus finanzas personales es un estilo de vida, podemos decir que no es algo que empiezas y abandonas. Una vez que decides embarcarte en este ***journey***, debes mantenerte disciplinado y constante; el análisis del interés compuesto que veremos más adelante nos lo deja en claro.

1. El ciclo virtuoso podemos resumirlo en 3 fases:

1. Exceso de flujos de efectivo

Este punto es, probablemente, el que requiere de más esfuerzo y el más retador: generar un exceso de flujo de efectivo. Esto significa que, de manera constante, tengas dinero disponible para poder invertir.

No se trata de invertir "lo que sobra"; se trata de definir un monto específico que tendrás como objetivo cada periodo —ya sea semanal, quincenal o mensual— y que, con el tiempo, serás capaz de ir incrementando por encima de la inflación.

2. Inversión

Con los excedentes, el reto es buscar una estrategia de inversión que sea capaz de generar riqueza y acrecentar el capital invertido. Esta parte del ciclo consiste en buscar opciones que a lo largo del tiempo generen rendimientos por encima de la inflación, o al menos la equipare.

3. Reinversión

Una vez que llegas a esta parte del ciclo, tu obsesión debe ser el interés compuesto, la reinversión de los beneficios y agregar excesos de flujo de manera constante. Esto creará una máquina de generación de riqueza en el largo plazo.

Antes de profundizar en cada parte del ciclo, es importante contextualizar y entender los ciclos económicos, así como los indicadores asociados cuyo desempeño tiene una repercusión directa en nuestra cartera.

Entendiendo el ciclo económico y su impacto

Los ciclos económicos son recurrentes, alcanzando fases de crecimiento y contracción cuya duración e intensidad a lo largo del tiempo serán diferentes, y dependerán de varios factores.

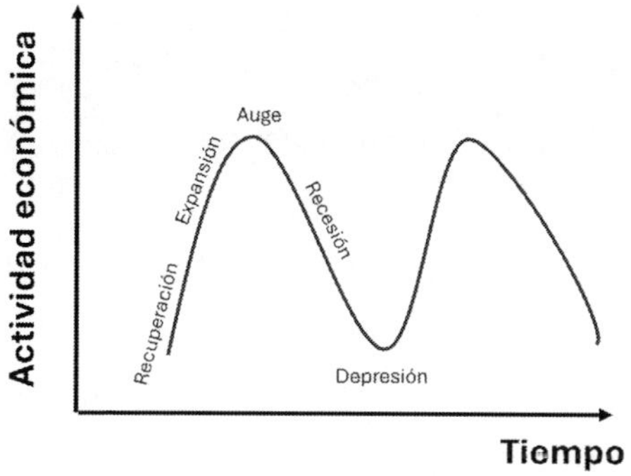

Entender los ciclos es importante para estar preparados, por lo que identificarlos en sus etapas nos puede ayudar a tomar decisiones estratégicas en nuestra gestión financiera.

Las características de cada una de las etapas son las siguientes:

- » Expansión:
  - » La actividad económica aumenta, impulsada por el crecimiento del PIB, el empleo, la inversión y el consumo.
  - » La confianza empresarial y del consumidor es alta.
  - » La inflación tiende a aumentar.

- Auge (pico):
  - La actividad económica alcanza su punto máximo.
  - El crecimiento se desacelera o se estanca.
  - La inflación puede ser elevada; el desempleo es bajo.

- Contracción (recesión):
  - La actividad económica disminuye, con caídas en el PIB, el empleo, la inversión y el consumo.
  - La confianza empresarial y del consumidor se deteriora.
  - La inflación puede disminuir o aumentar, dependiendo de las causas de la recesión.

- Depresión (valle):
  - La actividad económica alcanza su punto mínimo.
  - El desempleo es alto.
  - La inflación es baja o negativa (deflación).
  - La actividad económica puede permanecer estancada por un periodo prolongado.

- Recuperación:
  - La economía comienza a crecer nuevamente.
  - La actividad económica empieza a aumentar lentamente.
  - El desempleo comienza a disminuir.

Como podemos observar, cada etapa es definida por el comportamiento de ciertos indicadores asociados a los ciclos económicos: el Producto Interno Bruto (PIB) —indicador que mide la riqueza que genera un país—, el desempleo, la inflación y la inversión.

Los ciclos económicos son recurrentes; lo que cambia es la profundidad y el tiempo que se prolonga cada etapa. Para aterrizar cada parte del ciclo a nuestra estrategia, profundizaremos en la inflación y el comportamiento de las tasas de interés, ya que son las dos variables que nos impactan de manera directa como consumidores.

Indicadores económicos y las finanzas personales

Pérdida del poder adquisitivo: la inflación

La inflación es el aumento sostenido de los precios de bienes y servicios en un país; esto implica que el valor real del dinero disminuye con el tiempo, ya que cada unidad de moneda compra menos bienes y servicios, lo que se traduce en una pérdida del poder adquisitivo.

La inflación no solamente afecta nuestro poder adquisitivo de manera directa, sino que también tiene un impacto en la política monetaria del Banco de México a través de ajustes a las tasas de interés. Para fines pragmáticos en nuestra cotidianidad, esto se traduce en créditos al consumo más caros o baratos.

Como podemos ver en la gráfica, la inflación es una constante, un fenómeno que sale de nuestro control. Sin embargo, tenemos herramientas que nos ayudan a mitigar sus efectos; más adelante, veremos tipos de inversión que reducen el impacto negativo en nuestro poder adquisitivo.

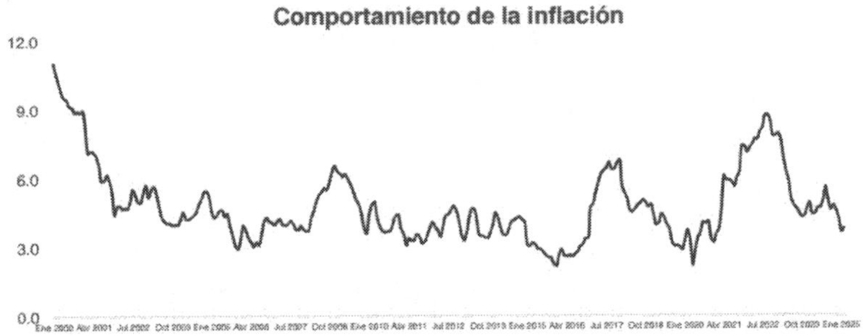

El costo del dinero: tasas de interés

La tasa de interés es el costo por pedir dinero prestado, o la recompensa obtenida dependiendo del lado de la ecuación en el que te encuentres.

En la gráfica siguiente publicada por Banco de México, podemos comparar las principales tasas de interés que son consideradas como referencia para el sistema financiero mexicano:

- » CETES 28 días (Certificados de la tesorería).
- » TIIE de fondeo a un día: tasa de interés interbancaria de equilibrio. Es la tasa que se cobran entre bancos por préstamos entre ellos a corto plazo.
- » TIIE 28 días: tasa de interés interbancaria de equilibrio publicada por Banxico. Esta tasa es utilizada como referencia para determinar las tasas de diferentes productos financieros, como tarjetas de crédito, créditos hipotecarios, automotriz, entre otros.

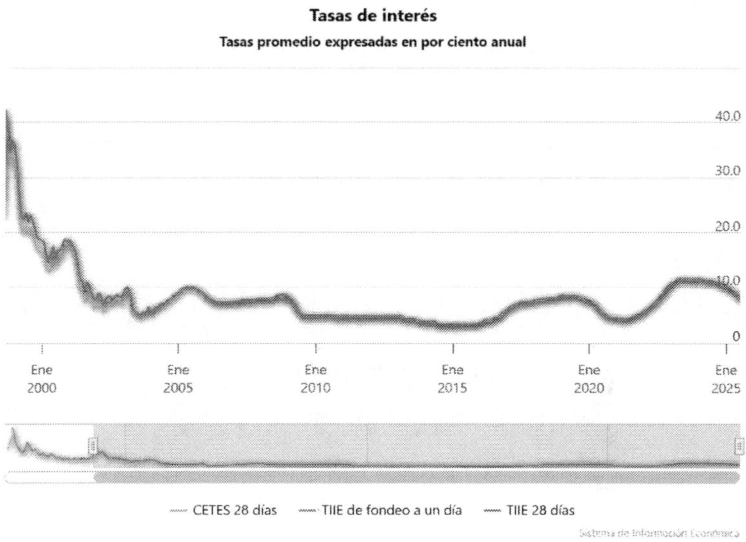

Como podemos observar en la gráfica, las tres tasas de interés mantienen una misma tendencia, por lo que podemos considerar que los CETES a 28 días son una buena referencia indicativa del comportamiento de las tasas en México.

Por otro lado, surge la pregunta: si las tasas de referencia rondan el 9 % en este momento, ¿por qué las tasas de los créditos al consumo —como las de las tarjetas de crédito o los préstamos automotrices— son superiores?

Según el reporte comparativo emitido por Banxico a diciembre de 2024, las tasas de interés que cobran los bancos para tarjetas de crédito oscilan entre el 24 % y hasta el 126 %, frente al 9 % de la tasa de referencia. De entrada, podemos concluir que en México las tasas son excesivamente altas. Esto se debe a varios factores que revisaremos, pero está relacionado, principalmente, con la política y los objetivos de rentabilidad de cada banco.

De nuestro lado, el buen manejo del Buró de Crédito, nos permitirá acceder a mejores tasas de interés y condiciones.

Por último, te comparto una tabla comparativa de las tasas de interés de diferentes países, donde podemos confirmar que México tiene una de las tasas más altas a nivel mundial (fuente: Trading Economics).

Pais	Tasa de interés	Fecha
Suiza	0.25%	2025-03
Japón	0.5%	2025-03
Singapur	2.26%	2025-04
Eurozona	2.4%	2025-04
Canadá	2.75%	2025-04
Corea Del Sur	2.75%	2025-04
China	3.1%	2025-03
Australia	4.1%	2025-04
Reino Unido	4.5%	2025-03
Estados Unidos	4.5%	2025-03
Arabia Saudita	5%	2025-03
Indonesia	5.75%	2025-03
India	6%	2025-04
Sudáfrica	7.5%	2025-03
México	9%	2025-03

La razón por la cual las tasas de interés varían entre países se debe a la estabilidad económica y a la percepción del riesgo, la cual se mide por variables como la inflación, el crecimiento económico, el riesgo de impago y la política monetaria, entre otras.

La inflación vuelve a aparecer en nuestro escenario, así como otras variables de las que ya hemos platicado. El riesgo de impago se refiere a la posibilidad de que un país deje de cubrir la deuda que tiene.

Existen, a nivel mundial, compañías especializadas que otorgan una calificación para cuantificar el riesgo de impago. Para el caso de México, y de acuerdo con la última calificación de S&P Global Ratings, nuestro país se ubica con una calificación de BBB con perspectiva estable. Como comenté, hay varias compañías calificadoras, por lo que, para ejemplificar, solo profundizaré en la escala que utiliza S&P Ratings para que tengas contexto:

Escala de calificaciones S&P Ratings	
Grado de inversión	
AAA	Extremadamente fuerte; capacidad para cumplir sus compromisos financieros.
AA	Muy fuerte; capacidad para cumplir sus compromisos financieros.
A	Fuerte; capacidad para cumplir, pero algo susceptible a las condiciones económicas y a cambios en las circunstancias.
BBB	Capacidad adecuada para cumplir sus compromisos financieros, pero más sujeto a condiciones económicas adversas.
Grado especulativo	
BB	Menos vulnerable en el corto plazo.
B	Más vulnerable.
CCC	Actualmente vulnerable.

CC	Sumamente vulnerable.
C	Actualmente muy vulnerable.
D	Incumplimiento de pago de compromisos financieros.

Mientras una calificación se acerque a AAA, será mucho mejor.

Existen diferentes variables que impactan a las tasas de interés y que no podemos controlar, por lo que el manejo de la incertidumbre y conocimiento del contexto económico nos puede ayudar a tomar mejores decisiones de corto y largo plazo.

Tasa de interés activa y tasa pasiva.

La tasa activa es aquella que cobran los bancos por prestar dinero. Como veíamos, estas tasas pueden ser muy altas: en las tarjetas de crédito, van del 24 % al 126 % y, en los créditos de tipo automotriz, del 13 % hasta el 23 % (CAT).

La tasa pasiva, en cambio, es aquella que pagan los bancos por tener tu dinero en las cuentas de ahorro y oscila entre el 0.1 % y el 1 % al año. Si la comparamos con la tasa de inflación, que ronda el 4 %, nuestro poder adquisitivo se reduce dramáticamente. De esto podemos concluir lo siguiente:

» Pedirle dinero prestado al banco es muy caro.
» Poner nuestro dinero en una cuenta de ahorro no genera rendimiento alguno; por el contrario.

» Invertir en CETES siempre será mejor opción que la cuenta de ahorro.
» Tener nuestro dinero en una cuenta de ahorro es una forma de destruir nuestro poder adquisitivo.

Regresando a la inflación y a las tasas de interés, lo interesante es correlacionarlas a fin de comparar su comportamiento. Podremos observar que, a medida que la inflación incrementa, las tasas de interés reaccionan en la misma dirección; por el contrario, a medida que la inflación tiende a la baja y se estabiliza, las tasas de interés la seguirán con una tendencia similar, aunque no con la misma velocidad. Un ejemplo de esto lo podemos ver en el periodo de 2018: cuando la inflación marcaba una tendencia bajista, las tasas de interés tardaron en ajustarse.

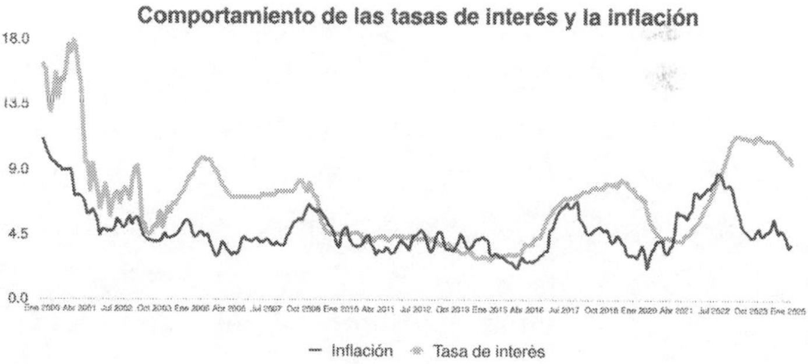

¿Qué hacer en un escenario de tasas de interés altas?

En un contexto inflacionario las tasas tenderán a subir, como ya lo comentamos, por lo que el costo del dinero será mayor.

¿Qué es lo que nos conviene?

- » 1. Inversión. Podemos tomar ventaja e invertir a largo plazo en bonos que nos permitan amarrar tasas y garantizar rendimientos futuros conocidos.
- » 2. Créditos. Reconsiderar la adquisición de créditos hipotecarios o automotriz y, en su caso, definir una estrategia para minimizar el impacto por pago de intereses.
- » 3. Evalúa y compara tasas de interés entre bancos para poder contratar la más baja. Compara el CAT —costo anual total— que es la tasa final que pagarás por tu crédito, misma que ya integra el costo de las comisiones, primas de seguros y gastos adicionales.
- » 4. Liquida el saldo de tus tarjetas de crédito al 100%.

Periodo de tasas de interés bajas

- » 1. Inversión. La inversión siempre será opción en cualquier contexto, pero deberás procurar que tus beneficios sean superiores a la inflación.
- » 2. Créditos. La adquisición de créditos a tasas más bajas implica que pagarás menos intereses, aun así debes acompañarlo de una estrategia personalizada para minimizar el impacto.
- » 3. Evita endeudarte innecesariamente.
- » 4. Invierte en instrumentos que ofrezcan tasas por encima de la inflación.

Existen otras variables económicas, como vimos en el ciclo económico, pero, desde mi perspectiva, si entendemos en profundidad la inflación y las tasas de interés, podremos navegar de mejor manera en escenarios complicados y capitalizar oportunidades.

Exceso de flujos de efectivo

Tu ciclo empieza con esta fase; probablemente, la que requerirá más esfuerzo, dependiendo de cada situación.

En México, de acuerdo con datos del INEGI publicados en la Encuesta de Salud Financiera (ENSAFI 2023), el 52 % de la población mexicana mayor de 18 años tiene algún tipo de ahorro, ya sea formal o informal.

De ese 52 %, el 57 % tiene un ahorro equivalente a hasta una quincena de su ingreso, y solo el 10 % tiene un monto superior a tres meses.

Conforme a lo anterior, podemos concluir que, en México, nuestra cultura del ahorro es baja de manera generalizada, lo que nos deja vulnerables en el corto plazo ante una emergencia y, en el largo plazo, con un escenario complejo para nuestro retiro.

Empieza por tu estado de pérdidas y ganancias.

Tener excedentes de efectivo significa que te sobra dinero después de cubrir los gastos de tu estilo de vida, sea cual sea. Esta etapa comienza por construir tu propio estado de resultados, que, básicamente, consiste en comparar tus gastos con tus ingresos.

Excedente de flujo de efectivo = Ingresos netos – Gastos.

Si el resultado de esta ecuación es positivo, debes enfocarte en maximizar tus ingresos y en profundizar en las opciones de inversión.

A continuación, te comparto una propuesta de cómo construir tu estado de resultados:

Categoría	Importe	% Mix
Ingresos netos después de impuestos	$20,000	
Gastos básicos de supervivencia	2,000	10%
Gastos de transportación	500	2%
Gastos fijos	10,000	49%
Renta y/o hipoteca	4,000	20%
Gastos de esparcimiento	1,000	5%
Pago de intereses	1,500	7%
Otros gastos	1,000	5%
Gastos por imprevistos	500	2%
Total de gastos	20,500	100%
Exceso y/o déficit	-500	

El esquema propuesto es de uso general, por lo que puedes adaptarlo a tus necesidades, lo importante es tener visibilidad de la forma en que utilizas tus recursos económicos.

El objetivo es:

» Tener presente la forma en que ocupas tus recursos.
» Detectar gastos ocultos que puedes perder de vista.
» Si tienes créditos, identifica qué % de tus ingresos se van al pago de intereses.
» ¿Qué porcentaje de tus ingresos destinas a la creación de un patrimonio?

La recomendación es realizar el ejercicio de manera mensual. Solo toma en cuenta que es direccional, lo que significa que te ayudará a tomar decisiones de corto plazo con un impacto en el largo.

Focalízate en tus ingresos

Del lado de los ingresos, hay algunas consideraciones:

» 1. El incremento anual de tus ingresos debe ser mayor al incremento de la inflación.
» 2. Al punto anterior, le llamo generación de valor, que es el diferencial a tu favor entre el incremento de tus ingresos menos la inflación.
» 3. Generación de valor = % de incremento en tus ingresos, (menos) % de incremento de la inflación.

- » 4. La diversificación de las fuentes de ingreso es relevante. Puedes construir estrategias para generar ingresos pasivos y buscar fuentes alternas que contribuyan a este rubro.
- » 5. El incremento anual de tus ingresos puedes destinarlos a la inversión.

Gastos inteligentes

- » 1. Elabora un presupuesto mensual.
- » 2. Se disciplinado con los gastos.
- » 3. Planifica gastos que tienen una frecuencia conocida, como el pago de inscripciones anuales, colegiaturas, predial (solo por mencionar algunos).
- » 4. Elimina los gastos hormiga.
- » 5. Asegúrate que las promociones que compres sean reales.
- » 6. Compara precios.
- » 7. Evita saturarte de promociones a meses sin intereses.

La tentación de los meses sin intereses

Las compras a meses sin intereses son una gran opción cuando lo ocupas de manera ordenada. Es recomendable para compras imprevistas o porque en ese momento tu nivel de deuda sea bajo o nulo.

Algunos puntos para considerar:

» 1. Recuerda que, al firmar meses sin intereses, estás comprometiendo tus flujos de efectivo futuros, lo que te restará flexibilidad y margen de maniobra en tus finanzas.
» 2. Que sean bienes duraderos o vacaciones planeadas.
» 3. No te permitas estar pagando meses sin intereses superior a un año, sino idealmente a 6 meses,
» 4. Evita pagar a meses sin intereses bienes de consumo inmediato; es mejor presupuestarlos que llevarlos a mensualidades.

La mejor forma de generar un exceso de flujo de efectivo es concentrarte en primera instancia en tus ingresos, y mantener una disciplina en los gastos a través de la planeación (presupuesto)

Fondo de emergencia

La creación de un fondo de emergencia es uno de los pilares de una estructura financiera sólida. Requiere tiempo poder construirlo; son recursos que debes tener "etiquetados" y que, por su naturaleza, deben estar disponibles para cualquier imprevisto que pueda sacar de balance tus finanzas personales.

La pregunta obligada: ¿cuánto tener? Considero que debe ser el equivalente a 6 meses y hasta 1 año de tus gastos mensuales que satisfagan tu estilo de vida.

¿De qué depende? De la velocidad con la que puedas restablecer tu fuente de ingresos en caso de pérdida. Desde la parte laboral, las estadísticas señalan que el tiempo para conseguir trabajo oscila entre 6 meses y 1 año.

Ten presente que el fondo de emergencia no es un sustituto de los seguros, como el de auto o el de gastos médicos.

Te comparto algunos puntos que debes considerar para definir el monto que más te conviene:

» 1. El fondo de emergencia debe ser suficiente para cubrir tu actual estilo de vida en caso de pérdida de tu fuente de ingresos, por un periodo de entre 6 y 12 meses.

» 2. El fondo de emergencia puede cubrir eventualidades como el porcentaje de deducible por el uso de un seguro.

Los recursos del fondo los puedes tener invertidos en instrumentos de bajo riesgo, como Bondía, lo que te permitirá tenerlos disponibles y que, al mismo tiempo, generen rendimientos.

La tarjeta de crédito, por obvias razones, debe ser parte de tu fondo de emergencia. Ante una eventualidad, la disponibilidad de los recursos de manera inmediata la encontramos a través del financiamiento bancario, por lo cual te recomiendo que designes una tarjeta de crédito que te ayude a "salir del paso", para posteriormente liquidar el saldo con el fondo.

El uso de tarjetas de crédito

De acuerdo con el último reporte publicado por el Banco de México, "Indicadores básicos de tarjetas de crédito" (con fecha de junio de 2024), existe un total de 33.2 millones de plásticos en poder de los mexicanos.

De este dato, el 58 % de los usuarios liquida el 100 % de su deuda; del 42 % restante, el 25 % solo paga el mínimo exigido y el resto, más que el mínimo.

Recordemos que una tarjeta de crédito es un recurso que facilita nuestra vida y que, en consecuencia, debemos usarla con responsabilidad. Sabemos que las tasas de interés son altas y la gravedad de no liquidar el saldo es sobreendeudarse, pues el interés compuesto juega en tu contra, dado que el importe de los intereses mensuales se calcula sobre el saldo promedio a la fecha de corte.

Anexo un ejercicio que publicó la CONDUSEF, asumiendo una deuda de $20,000 y considerando que solamente se paga el mínimo exigido por el banco. Para el caso de Scotiabank, que solicita un pago mínimo de $437.50, si dividiéramos el importe de la deuda entre el pago mínimo, tendríamos un total de 46 pagos que realizar, lo que equivale a prácticamente 4 años. Ahora, si le agregamos el efecto de los intereses, se convierte en 240 mensualidades (20 años). Esto significa que se habrán desembolsado $104,880 pesos, es decir, 5.3 veces más que el préstamo original.

No es de extrañarse, porque los bancos que operan en México son de los más rentables en el mundo.

De entre los países con más de 100 mil millones de dólares en cartera, México sería el segundo país más rentable a nivel global, después de Turquía.

Vanguardia MX agosto 2024

La banca registró en el 2024 otro año de resultados históricos; ganó 288,340 millones de pesos.

Periódico el economista

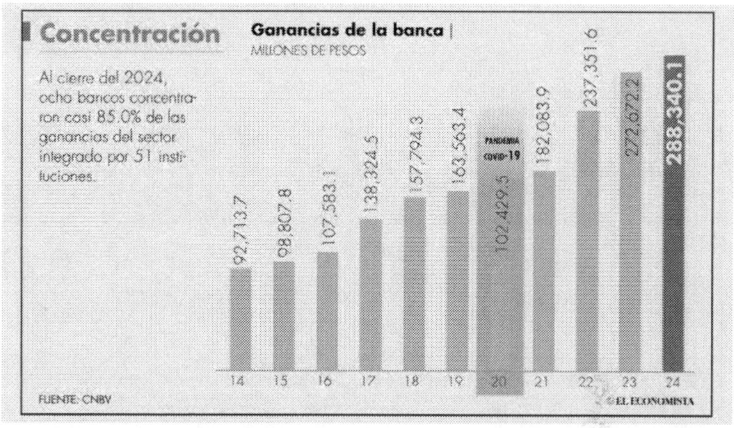

En resumen, una tarjeta de crédito debe formar parte de nuestra estructura financiera y debemos verla como un facilitador. Nos corresponde usarlas inteligentemente y aprovecharlas a nuestro favor.

Indicadores que debes tener siempre en mente sobre tu tarjeta de crédito, siendo los 2 primeros los más importantes para efectos de tu estrategia a corto plazo.

- » Fecha de corte.
- » Fecha límite de pago.
- » Importe mínimo de pago.
- » Tasa de interés.

La fecha de corte es la más relevante en términos de gestión de tu línea de crédito. Te permite planificar tus gastos y, al mismo tiempo, te da certidumbre sobre cuándo te conviene realizar compras que signifiquen un mayor desembolso.

El pago de las compras que realices un día posterior a la fecha de corte te será exigible hasta 45 días después (en la fecha límite de pago), por lo que puedes planificar tus flujos a fin de liquidar el 100 % del saldo para no generar intereses.

La fecha de corte ocurre, normalmente, cada 30 días, a los que se suman 15 días que los bancos suelen otorgar para realizar los pagos correspondientes. En el siguiente diagrama, lo ejemplifico:

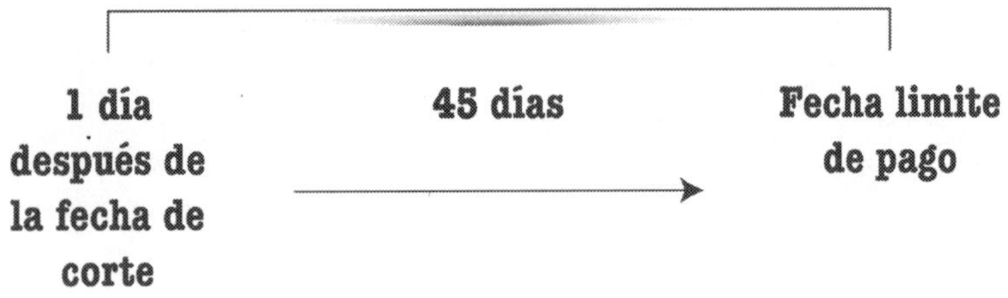

¿Cuántas tarjetas de crédito tener?

En lo personal tengo varias, con diferentes fechas de corte y límites de crédito, lo que me da flexibilidad.

Hay que comentar que en ningún caso pago anualidad y que liquido el saldo total, por lo que el costo del financiamiento es de cero pesos.

Procura tener las tarjetas de crédito que puedas gestionar y con una visión de no pagar intereses o comisiones.

Incrementos en tus líneas de crédito

¿Debo aceptar los incrementos de línea de crédito que me ofrecen los bancos? Aceptar la propuesta puede ayudarte a mejorar tu calificación en el buró de crédito, pero solo si evitas endeudarte innecesariamente y liquidas el saldo al 100% cada mes. Además, ten en mente que la recomendación general es usar tu línea de crédito en no más de un 30% de su límite.

La importancia del buró de crédito

El Buró de Crédito es una institución financiera que recopila nuestro historial crediticio. Su objetivo es brindar información a las instituciones financieras sobre qué tan bien manejamos nuestros créditos y asignar una calificación a fin de cuantificar el riesgo de impago por parte de los usuarios. El rango de calificación es el siguiente:

» No satisfactoria: Consiste en 00 puntos. Es la cifra más baja, por lo cual es probable que los bancos no te brinden un crédito hasta que mejores tu historial.
» Mala: Si tu calificación es de 450 a 500 puntos, puedes ser elegible para acceder a ciertas tarjetas de crédito, pero con una alta probabilidad de rechazo.
» Regular: Una calificación de 550 a 600 puntos en tu Buró de Crédito quiere decir que has tenido algunos retrasos al momento de pagar créditos anteriores; puede ser que te otorguen tarjetas de crédito.
» Buena: Tener de 650 a 700 puntos en tu score crediticio significa que cumples con tus pagos a tiempo y puedes obtener una tarjeta de crédito básica con anualidades bajas y una línea de crédito que no aumentará mucho tu capacidad de endeudamiento.

» Excelente: Significa que tienes una puntuación de 700 a 750 y puedes acceder a tarjetas doradas o platino, lo que te garantiza mayores beneficios y una línea de crédito más elevada.

Existe una calificación adicional, de 750 a 850 puntos, que te da acceso directo a cualquier tipo de tarjeta de crédito y a préstamos más extensos, ya que tu score crediticio indica que no hay riesgo para los bancos.

Medidas para mejorar tus puntos en el buró de crédito.

» Paga a tiempo.
» Procura no sobrepasar el 30% de tu línea de crédito.
» Evita cancelar tarjetas de crédito (experiencia).
» No solicites créditos con frecuencia.
» Evita autorizar innecesariamente consultas a tu buró de crédito; resta puntos cada vez que lo haces.

¿Qué criterios toma en cuenta el buró de crédito para calcular la calificación?

» Puntualidad en los pagos.
» % de uso de tus créditos.
» Años de experiencia.
» Cuentas activas.
» Consultas en el buró de crédito.

Como te podrás dar cuenta, mantener un buen historial

crediticio te ayudará a incrementar tu calificación y, eventualmente, a acceder a mejores tasas de interés y beneficios dentro del sistema financiero.
Consulta tu score un par de veces al año.

En la siguiente parte del ciclo, nos enfocaremos en las inversiones. Compartiré algunas generalidades y estrategias, señalando que, si no tienes experiencia, lo que aquí escribo puede servirte como punto de partida. Sin embargo, es importante que siempre te asesores con un experto al tiempo que te vas preparando y adquieres experiencia en el tema, o que le confíes tus recursos a una institución financiera acreditada por la CNBV, que te ayude a construir una estrategia basada en tus objetivos.

Inversiones

En la actualidad, tenemos la facilidad de acceder a diferentes opciones de inversión que nos permiten diseñar una estrategia personal acorde a nuestras necesidades. En esta parte del libro, compartiré algunas estrategias que pueden ser de utilidad. Es importante comentar que no se trata de una recomendación, sino más bien de ayudarte a definir un punto de partida y poner sobre la mesa algunas opciones que puedan acompañarte en esta fase del ciclo.

El paso más importante para iniciar una estrategia de inversión es la definición de tu perfil de inversionista; esto te permitirá tomar decisiones con un sustento y en línea con tus objetivos y necesidades.

Perfil de inversionista

El perfil del inversionista es la relación entre el riesgo que se está dispuesto a tomar, la rentabilidad deseada y el horizonte de tiempo.

Existen varias clasificaciones del tipo de inversionista dependiendo de su aversión al riesgo. En general, podemos englobarlos en tres:

- Inversionista conservador: Prioriza su tranquilidad y le gusta tener la seguridad de preservar su capital.
- Inversionista moderado: Buscará un punto medio entre la seguridad y el riesgo a través de la diversificación.
- Inversionista agresivo: Está dispuesto a asumir mayores riesgos con la expectativa de tener mayores rendimientos.

Factores que influyen en la definición del perfil:

» 1. Aversión al riesgo. Es la capacidad de un inversionista para soportar posibles minusvalías y pérdidas en su capital invertido. Habrá quien prefiera dormir tranquilo sabiendo que su dinero está seguro y evitarse el estrés emocional de la volatilidad de los mercados financieros. Cuando estamos en un mercado alcista, todos somos felices, pero al momento de las malas noticias se crea una psicosis que genera fuertes ajustes provocando pérdidas.

» 2. Horizonte de inversión. Está definido por el tiempo en que emplearás tus recursos, ya sea en el corto, mediano o largo plazo.

- 3. Objetivo de inversión. Como inversionista, debes definir qué esperas obtener: ganancias, dividendos, ingresos pasivos o, simplemente, mantener tu poder adquisitivo al blindar tu dinero contra la inflación.

¿Cómo definir mi perfil de inversionista?

Normalmente las casas de bolsa tienen pruebas que ayudan a definir tu perfil acompañado por expertos, sin embargo, te comparto algunas preguntas que pueden ayudarte al respecto.

- 1. ¿Cuál es tu principal objetivo al invertir?
  - ¿Asegurar tu capital?
  - ¿Aumentar tu patrimonio con un riesgo moderado?
  - ¿Que tu dinero crezca incluso sabiendo que podrías tener pérdidas?
- 2. ¿A qué plazo te gustaría invertir?
  - Menos de 1 año.
  - Entre 1 y 5 años.
  - Superior a 5 años.
  - Una mezcla de las opciones anteriores.
- 3. ¿Qué tan incómodo resulta saber que tu capital invertido ha sufrido una minusvalía del 30 - 40%?
  - 1. Me incomoda, pero puedo vivir con ello.
  - 2. Mucho, prefiero no pasar por ello.
  - 3. Estaría dispuesto a seguir invirtiendo.

- 4. ¿Cuánto tiempo estás dispuesto a invertir en aprender sobre el tema?
  - 1. Cada semana.
  - 2. Diario, me interesa mucho el tema.
  - 3. Muy poco.

Si tus respuestas se encaminan a la idea de "prefiero dormir tranquilo y que mi dinero esté seguro", probablemente tu perfil de inversionista será de bajo riesgo, y la inversión en bonos del gobierno sea tu opción.

Si tus respuestas se orientan a una mezcla entre riesgo y seguridad, tenderás a un perfil de riesgo moderado, por lo que la diversificación entre acciones y bonos puede ser tu alternativa, con una cartera más cargada al mercado de bonos y con menor exposición a acciones. Una mezcla del 80 % en bonos y 20 % en acciones puede funcionar.

Si eres de los que pueden tolerar que sus inversiones, o parte de ellas, puedan tener minusvalías o incluso pérdidas, tu perfil estará orientado al riesgo, con la perspectiva de tener altos rendimientos, el mercado accionario y otro tipo de activos son tu opción.

La última pregunta, sobre el tiempo, complementa tu estrategia de inversión. Es probable que tengas proyectos específicos para los que necesitarás tener la seguridad del capital y de los rendimientos esperados, así como proyectos de más largo plazo que te permitirán tomar mayores riesgos.

Inversiones de bajo riesgo (Bonos del gobierno)

» Cetes: Con plazos de 28, 91, 182, 1 y 2 años.
» Udibonos: 3, 5, 10, 20, 30 años.
» Bonos: 3, 5,10, 20, 30 años.
» BPAG 28,91,182, 3, 5, 7 años.
» Bondìa: con capitalización diaria. (Te paga rendimientos diarios).

Cetes: Certificados de la Tesorería de la Federación. Los emite el gobierno mexicano y se adquieren por $10 pesos.

Los CETES son instrumentos que se compran a descuento; esto quiere decir que su precio de compra es por debajo de los $10.00 y la ganancia la obtienes a medida que se acerca el vencimiento del plazo. Por ejemplo: compras Cetes a $9.90 cada uno a un plazo de 28 días; una vez cumplido el plazo, el gobierno te reintegrará $10.00.

La ganancia que se obtiene es la diferencia entre el precio de compra y su valor nominal al vencimiento.

La ventaja de invertir en estos instrumentos es la certeza que te brinda el conocer de antemano el rendimiento que obtendrás por tu dinero, lo cual te permite planificar los flujos futuros que recibirás.

Udibonos: Son títulos que emite el gobierno federal cuyo valor está asociado a la UDI. Su valor nominal es de 100 UDIS, pagaderos en pesos. El valor actual de una UDI es de 8.315683.

Estos bonos pagan intereses cada seis meses y te permiten blindar tu capital contra la inflación, pues te pagan una tasa fija más el valor de la inflación.

La ventaja de invertir en estos instrumentos es que tu capital siempre estará protegido contra la inflación, por lo que representan una opción bastante cómoda, sabiendo que cada seis meses te pagarán los rendimientos prometidos.

Bonos: Son los Bonos de Desarrollo del Gobierno de México. Pagan intereses cada seis meses a una tasa fija a lo largo de la vida del instrumento. Como podrás ver, al igual que los Udibonos, te pagan intereses cada seis meses, pero con la gran diferencia de que no te garantizan la inflación. Lo que sí garantizan es la tasa de interés, que permanecerá fija durante toda la vida de la inversión, lo que te permite planificar la cantidad de dinero que recibirás cada semestre.

BPAG: Los Bonos de Protección al Ahorro (BPAG) son instrumentos de deuda emitidos por el IPAB a través del Banco de México. Su valor nominal es de $100.00 y pagan intereses cada 28, 91 o 182 días, dependiendo de la modalidad que compres, durante todo el plazo de inversión. A diferencia de los Udibonos y los Bonos, los BPAG te pagan una tasa variable, la cual puede ser la tasa de CETES o la tasa ponderada de fondeo que publica el Banco de México; la tasa que te pagarán será la que resulte más alta, a excepción de los BPAG 182, que pagarán la tasa más alta entre CETES o la tasa de inflación.

Anexo el enlace de Banco de México donde podrás ahondar en estos instrumentos si así lo deseas.

https://www.banxico.org.mx/elib/mercado-valores-gub/OEBPS/Text/ii.html

¿En cuál debo invertir? Depende. ¿De qué? De tu perfil de inversionista. Te comparto algunos puntos que pueden ayudarte a tomar una mejor decisión:

» Cetes: cuanto tu horizonte de inversión es de máximo 2 años, sabiendo que al final recibirás el rendimiento de la inversión + tu capital.
» Bonos: son inversiones de más largo plazo, con la ventaja que paga el rendimiento cada 6 meses y te devuelve tu capital hasta el final del plazo.
» Udibonos: es similar a los bonos, solo que te permite, al menos, protegerte contra la inflación. Este instrumento lo he utilizado en casos específicos donde considero que la inflación subirá, que fue el caso de la post pandemia.
» BPAG: son instrumentos a tasa variable, por lo que la inversión no te da la certidumbre del beneficio que tendrás por el capital invertido. La tasa que paga este instrumento es la tasa más alta entre los Cetes y la tasa de fondeo gubernamental.

Resumiendo, la inversión en instrumentos emitidos por el gobierno es una forma segura y pragmática de obtener rendimientos con la tranquilidad que tu capital estará seguro.

¿Puedo perder dinero invirtiendo en estos instrumentos? La respuesta concreta es sí. Si es que decides vender de manera anticipada, puede darse un escenario de pérdida, dependiendo el contexto económico y la evolución de las tasas de interés. La recomendación general para este tipo de instrumentos, cualquiera que sea tu elección de inversión, es llegar al vencimiento del plazo, con ello eliminas la posibilidad de pérdida.

Abanico de inversiones

Existen otros instrumentos de inversión de los cuales podemos clasificarlos en:

Instrumentos	Descripción
Acciones	Son títulos que representan una parte del capital social de la empresa, » Te convierte en copropietario » Paga Dividendos » Hay otros derechos, que están en función de la cantidad de acciones (Socios Mayoritarios) » Las acciones tienen una alta liquidez al poder ser vendidas y compradas en los mercados de valores. » La expectativa es que el valor de la acción incremente con el tiempo
Fibras	Fideicomisos de bienes raíces; este vehículo de inversión te permite acceder al mercado inmobiliario sin necesidad de tener propiedades en físico, y en consecuencia no necesitas grandes cantidades de dinero para invertir, por el contrario, te permite recibir beneficios por pago de rentas de manera trimestral/mensual
ETF´s	Exchange Trade Fund. Se trata de un mecanismo de inversión que te permite acceder a canastas de valores, como acciones u otro tipo de activos
Criptos	Son activos digitales que no tienen un equivalente físico, como las acciones que detrás de ellas hay una compañía

Futuros y opciones	También conocidos como mercado de derivados en México, son contratos de cobertura y, también, utilizados para especular. Personalmente no los opero, se requiere de conocimiento técnico especializado
Divisas (Forex)	Es el mercado donde se opera el intercambio de divisas, como la compra de dólares, euros, etc.
Crowfounding	Es un mecanismo de inversión que ha tomado mucho auge en los últimos años, consiste en recaudar dinero entre el público inversionista a fin de financiar proyectos o negocios.

Inversión en acciones

La inversión en acciones requiere de la definición de una estrategia. Es claro que, con la facilidad de acceder a este mercado hoy en día, se vuelve una tentación; sin embargo, esto no significa que deba ser tomado a la ligera.

Existen dos tipos de análisis comúnmente utilizados para definir una estrategia de compra o venta de acciones: el análisis fundamental y el análisis técnico.

El análisis fundamental es aquel cuyo enfoque consiste en la revisión del entorno competitivo de una compañía, así como en el entendimiento y análisis de su situación financiera, con el objetivo de tener un contexto integral del presente y futuro.

El segundo es el análisis técnico, que tiene su origen a finales del siglo XIX. Su creador fue Charles H. Dow y, a diferencia del análisis fundamental, esta herramienta centra su estrategia en la identificación de tendencias —bajistas o alcistas—, buscando identificar oportunidades de venta o compra.

¿Cuál de los dos es mejor? Dependerá de tu perfil de inversor. El análisis fundamental te permite invertir en compañías con una visión de largo plazo; como consecuencia del análisis, determina si el valor de la acción en el mercado se encuentra infravalorado o sobrevalorado. Además de ofrecer una comprensión del negocio, te permite entender el modelo operativo de la compañía, su gestión y sus perspectivas de crecimiento, así como su salud financiera.

Podemos resumir que el análisis fundamental nos otorga una visión profunda de la compañía donde pretendemos invertir nuestros recursos.

El análisis técnico es aplicable a diferentes tipos de mercados y plazos. Se puede utilizar para analizar otro tipo de activos financieros además de las acciones, como divisas, materias primas o criptomonedas, entre otros.

El análisis se realiza a través de gráficos de diferentes periodos en el tiempo —que pueden ir de minutos a semanas o años—, dependiendo de cada situación.

Identifica tendencias (alcista, lateral o bajista) con el objetivo de capturar oportunidades de compra o venta.

Te permite gestionar el riesgo al establecer *stop-loss o take-profit*. Determina el porcentaje de pérdida aceptable en el que debes vender tu posición y, caso contrario, determina el punto de venta buscando maximizar el rendimiento.

Ofrece una visión de corto plazo, lo cual permite identificar señales de *trading*.

Muchos inversionistas combinan ambas herramientas, otros se han especializado en alguna de ellas; lo importante es definir un estilo y mantenerse fiel a él.

¿Puedo invertir en la bolsa sin ser un experto?

> **"Lo único que le diría a un inversor particular hoy, es invertir en un fondo indexado que le permita participar del mercado de las grandes empresas mundiales y que se aferre a ellas todo el tiempo"**
>
> **Warren Buffett - Dinero: domina el juego, Tony Robbins**

La respuesta es positiva. Existe una opción de inversión que te permite acceder a las grandes compañías, y es la inversión a través de ETFs (*Exchange-Traded Funds*).

¿Qué es un ETF? Es un tipo de fondo de inversión que se negocia en la bolsa de valores —de la misma forma que se compran o venden acciones— pero que está compuesto por un conjunto de acciones u otro activo financiero. Esto es como si compráramos una "canasta navideña", con muchos artículos dentro, en un mismo lugar y con la ventaja de que será más barato que comprar cada artículo de manera independiente. Lo mismo pasa con un ETF: dentro de este, habrá acciones de diferentes compañías, índices bursátiles o algún otro tipo de activo.

Para terminar de ejemplificar, consideremos un ETF llamado VCR (Vanguard Consumer Discretionary). Es un fondo que engloba las acciones de 293 compañías que están orientadas al consumo y que abarca diferentes sectores, como el minorista, el automotriz, restaurantes y construcción de viviendas, entre otros. Las principales compañías que lo componen son: Amazon, Tesla, Home Depot, McDonald's, Starbucks y Mercado Libre. Estas compañías representan cerca del 50 % del ETF cuyo costo en este momento es de $6,278 pesos, en tanto que, una acción de Tesla cotizaba en $6,383 esta mañana.

Las ventajas de invertir en ETFs son las siguientes:

» 1. Diversificación.
» 2. Costo.
» 3. No necesitas analizar las compañías que lo integran.
» 4. Los costos de gestión son relativamente bajos.
» 5. Liquidez; se pueden comprar o vender fácilmente.
» 6. Flexibilidad al existir una gran variedad en diferentes sectores, regiones geográficas, tipos de activos y estrategias.

La inversión en ETFs es lo que también se conoce como inversión pasiva, lo que te da mayor libertad para ocupar el tiempo que normalmente utilizarías en analizar compañías o en estar al pendiente de tu portafolio, en otras actividades cotidianas.

Existen más de 8,000 ETFs en el mundo, los cuales pueden diversificarse por sectores específicos como el financiero, el tecnológico, de criptomonedas, por índices o por países.

Entre las compañías más importantes que los gestionan, se destacan BlackRock, Vanguard, Invesco y Amundi.

¿En qué ETF invertir?

La solución es invertir en fondos indexados. "Colocar un 10% en bonos del estado a corto plazo y un 90% en un fondo indexado del S&P 500 muy barato, sugiero el de Vanguard"

Warren Buffett - Dinero: domina el juego, Tony Robbins

Personalmente, considero que esta es una de las opciones más adecuadas para invertir en los mercados financieros de manera pasiva y, construyendo sobre la propuesta de Warren Buffett, el ETF de Vanguard al que se refiere es el VOO.

El ETF VOO replica el comportamiento del S&P 500, que es el índice que engloba a las 500 compañías más grandes de Estados Unidos y que, junto con el índice Nasdaq, es una referencia para determinar el comportamiento del mercado de valores; muy seguramente los habrás escuchado en los noticieros.

El costo del VOO ronda los 553 USD, que, al tipo de cambio promedio actual, equivalen a alrededor de $10,000 pesos.

Para el caso de México, existe un ETF que sigue el comportamiento del Índice de Precios y Cotizaciones (IPC) de la Bolsa Mexicana de Valores, cuyo nombre es NAFTRAC, que en este momento tiene un costo de $56 pesos. Esto representa una opción más económica que el VOO, con la diferencia de que este último, al estar listado en Estados Unidos, refleja el comportamiento del tipo de cambio y su equivalente en pesos se va ajustando en consecuencia. Por lo tanto, podemos decir que invertir en activos financieros listados en Estados Unidos, como acciones o ETFs, implícitamente ofrece una cobertura cambiaria contra el dólar.

La estrategia de inversión de un ETF como el VOO o el NAFTRAC es simple: compra de manera constante en periodos definidos en el tiempo. Esto te permitirá, en el largo plazo, obtener rendimientos iguales al desempeño del mercado de Estados Unidos o México, según sea el caso.

Metodológicamente, esta estrategia tiene su fundamento en lo que conocemos como *Dollar-Cost Averaging*, que consiste en realizar la compra invirtiendo una cantidad fija de dinero de manera regular, sin importar el precio de cotización en ese momento.

La matemática detrás de esto son los promedios: a medida que vas comprando de manera constante, tiendes a promediar el precio, lo que a su vez reduce el efecto de las variaciones al alza o a la baja (volatilidad). Esto, eventualmente, te permitirá capitalizar el rendimiento del mercado en el largo plazo que, históricamente, sabemos que es ascendente, tal y como podemos ver en las gráficas del comportamiento de los últimos 20 años del NAFTRAC y del VOO.

Como podrás notar, en los últimos 20 años, el valor del NAFTRAC se incrementó de \$10 a \$56 pesos y, para el caso del VOO, pasó de \$1,553 a \$10,000 MXN.

Resumiendo, la inversión en ETFs es una opción para aquellos que desean invertir de manera pasiva y no requiere conocimientos avanzados sobre el tema; por el contrario, la constancia y la disciplina son la mejor forma de ejecutar esta estrategia.

Como comenté con anterioridad, esto no te exime de soportar emocionalmente que los mercados financieros tendrán correcciones que podrán generar minusvalías del -30 % o -40 %, pero mantener tu posición y seguir comprando en esos momentos te entregará resultados con el tiempo.

Si es tu deseo explorar otros ETFs en el mercado, puedes visitar los sitios web de las compañías que los gestionan. Recuerda que las más importantes son: Vanguard, BlackRock, Invesco y SPDR. Vanguard se distingue por cobrar las comisiones más bajas del mercado.

Volverse un experto en ETFs puede ser una opción viable. Si es de tu interés continuar por ese camino, te recomiendo que leas la hoja informativa de cada ETF, donde viene toda la información sobre las compañías que lo integran, su porcentaje de importancia, comisiones, rendimiento histórico y otros datos importantes. De lo contrario, como recomienda el oráculo de Omaha, Warren Buffett: compra el VOO de manera constante y/o, en el caso de México, el Naftrac, cuyo rendimiento es similar al del VOO.

Inversión en Fibras

Las FIBRAS (Fideicomisos de Inversión en Bienes Raíces) son instrumentos de inversión que permiten adquirir o construir inmuebles para su arrendamiento.

Desde la perspectiva del inversionista, nos permiten acceder al mercado inmobiliario sin la necesidad de ser dueños directos de las propiedades.

Las FIBRAS pueden estar especializadas en naves industriales, oficinas o centros comerciales.

Los ingresos de las FIBRAS provienen de los contratos de arrendamiento, y sus beneficios son distribuidos, por lo general, cada trimestre, con algunas excepciones que pueden ser mensuales. Algunos ejemplos de FIBRAS en México son:

Nombre	Clave de Pizarra
FIBRA Uno (FUNO)	FUNO11
Terrafina	TERRA13
Danhos	DANHOS13
Shop	FSHOP13
Monterrey	FMTY14
Macquarie	FIBRAMQ12

Para seleccionar en qué tipo de FIBRAS puedo invertir, utilizo, de manera general, los mismos criterios que para elegir acciones. Esto es, analizando sus reportes financieros y profundizando en indicadores específicos del sector tales como: tasa de ocupación, nivel de deuda, terminación de contratos, costo de renta por metro cuadrado, historial de distribuciones, calidad y diversificación del portafolio y perspectivas del sector inmobiliario.

Si es de tu interés invertir en este sector, te puedo recomendar un libro que leí y me gustó por su enfoque práctico: *El inversionista en FIBRAS inmobiliarias*, de Antonio Alejandro González Castillo, donde podrás profundizar y retomar su experiencia.

De manera personal, he invertido en FIBRAS como Macquarie, en la que pude capturar un rendimiento del 33 % por el incremento en su cotización.

Las razones por las que invertí en Macquarie en su momento fueron: su nivel de deuda bajo, sus contratos firmados en dólares, se especializan en naves industriales localizadas en el norte del país, tasa de ocupación alta y, lo mejor, su precio de cotización por título rondaba los $24 pesos. Tiempo después, los vendí en $33. Mi estrategia estaba enfocada en el incremento del valor de cada título y no en el pago de beneficios por arrendamiento; ojo, no porque piense que sea malo, sino porque, como he comentado, mi perfil está orientado al mercado accionario y bonos.

¿Como seleccionar acciones?

La selección de acciones es fundamental en la definición de tu estrategia y en función de tu perfil de inversor, y cada caso es particular. Te compartiré mis criterios que he adoptado con el paso de los años, con la finalidad de que pueda ayudarte como guía para definir los tuyos:

- » 1. Invierto en compañías que conozco y entiendo.
- » 2. Evalúo el desempeño de la compañía en lugar de la acción.
- » 3. Reviso la trayectoria del CEO.
- » 4. Que la compañía pague dividendos a lo largo del tiempo.
- » 5. Inversión: que la compañía tenga planes de expansión.
- » 6. Nivel de deuda bajo/manejable.
- » 7. Que en los últimos 5 años el valor de la acción haya crecido.

Profundizando en cada punto:

- » Invierto en compañías cuyo modelo de negocio entiendo, y que tiene ventajas competitivas de mercado.
- » Evalúo el desempeño de la compañía en lugar de la acción, esto me permite analizar el modelo de negocio y su éxito futuro.
- » Para mí es importante que el CEO se haya formado y

crecido profesionalmente en la compañía, ya que significa que la conoce y que tiene un alto compromiso con ella. Satya Nadella ha trabajado en Microsoft por 28 años, pasando por diferentes posiciones antes de convertirse en CEO.

» La compañía paga dividendos a lo largo del tiempo. El pago de dividendos lo visualizo como valor agregado al inversionista, el modelo de la compañía entrega resultados.
» Las compañías que de manera regular invierten en expansión, significa que tienen una visión futura, que se traduce en crecimiento sostenido y, en consecuencia, perdurabilidad en el tiempo. MSFT invirtió en 2023 10,000 millones de dólares en OpenAI, la firma creadora de ChatGPT.
» Nivel de deuda bajo. La compañía es capaz de generar flujos de efectivo propios y mantiene finanzas sanas que le permiten flexibilidad y enfrentar periodos de crisis como la pandemia.
» Que en los últimos 5 años el valor de la acción haya crecido. El modelo de negocio es consistente y entrega resultados de la misma forma, el mercado lo reconoce.

Nuevamente, estos son mis criterios. Los comparto con el afán de darte una referencia, por si te es útil. Lo que te recomiendo es que, con el paso del tiempo, vayas construyendo los tuyos.

El libro El inversor inteligente de Benjamin Graham me ayudó a definir parte de estos criterios, así como a delinear mi estrategia de inversión.

¿La Diversificación reduce el riesgo?

La mayor parte del tiempo escuchamos hablar sobre el tema, "no poner todos los huevos en la misma canasta" y que la diversificación es preventiva, veamos un poco de teoría y mi experiencia en este sentido.

Warren Buffett sobre la diversificación:

» "La diversificación es una protección contra la ignorancia".
» "Si sabes lo que haces, no tiene sentido diversificar".
» "Pon todos tus huevos en una cesta, pero vigílala de cerca".
» "No hay nada malo con eso, de hecho, es un enfoque perfectamente adecuado para aquel que no sabe cómo analizar o evaluar negocios".

Ray Dalio opina que:

» «La diversificación es una herramienta importante para reducir el riesgo en una cartera de inversiones.»
» "Lo que no sabemos es mucho mayor que lo que sabemos. La clave está en cómo lidiamos con la incertidumbre. Diversifica bien, balancea los riesgos y nunca dejes de aprender".

Llevo varios años invirtiendo por cuenta propia y me he encontrado en ambos extremos: hubo un tiempo en que llegué a acumular poco más de diez empresas en el portafolio y otro en el que me concentré en una sola.

Ambas experiencias han sido positivas, aunque con diferentes resultados. Fueron vivencias que me dejaron mucho aprendizaje, como comentaré un poco más adelante.

Ahora bien, ¿qué pasó en el momento en que tuve diez empresas dentro de mi portafolio? Sonaba bien, tenía diversificado el portafolio, ¿qué podía salir mal? En realidad, se volvió agobiante estar al tanto de cada una de ellas; eventualmente, dejé de revisarlas todas. Y aunque el resultado fue positivo, al mismo tiempo las ganancias se limitaban, ya que debía distribuir el capital en varias compañías, por lo que, en algún punto, decidí que era mejor reducir el número de empresas y fui cerrando posiciones.

Entonces, me fui al otro extremo: una sola compañía. Pensaba que así podía maximizar mis beneficios. Mayor riesgo, mayor ganancia.

Mi historia con CEMEX.

Decidí concentrar todos mis recursos en una sola compañía: CEMEX.

Compré las acciones a un precio de $17.40. La compañía, en el pasado, había tocado niveles de $30 pesos por acción; mi ganancia podía ser del 70 % si, eventualmente, regresaba a esos niveles.

Semanas después, hubo noticias no tan favorables de la compañía que llevaron a un decremento en el valor de la acción. Cuando la compañía tocó los $14 pesos, lo que representa una minusvalía del -20 %, se encendieron las alarmas. Con el transcurrir de las semanas, el precio de la acción siguió bajando hasta tocar niveles de $12 pesos, lo que se traduce en una minusvalía del -31 %. Empecé a entrar en pánico: había visto decrecer mi patrimonio en una tercera parte, una parte importante de mis ahorros simplemente había desaparecido. Tenía algunas opciones:

» 1. Ocupar lo que tenia de ahorro y comprar más acciones: "estaban baratas".
» 2. Vender, lo que significaría materializar mi pérdida.
» 3. Aguantar y esperar a que, con el tiempo, se recuperara el precio de la acción.
» 4. Analizar en profundidad a la compañía como un "todo".

Coincidió que estaba leyendo el libro *El inversor inteligente*, de Benjamin Graham. Había escuchado de él por un video que vi sobre la historia de Warren Buffett, así que eso me ayudó a optar por la cuarta opción y profundizar en el modelo de negocio de CEMEX. Seguramente eso me daría contexto para tomar la mejor decisión. Pasé un fin de semana leyendo el plan estratégico de la compañía, "Por un Cemex más fuerte". Después de esto, decidí mantenerme, pero tampoco comprar más, pues tenía ahorrados recursos que había decidido invertir en otras compañías.

Para continuar con la historia de CEMEX, y para resumir, llegó la pandemia y el precio de la acción se desplomó hasta los $4 pesos, lo que significaba una desgracia: una minusvalía del -80 %. Había visto disminuir mis ahorros en una sola "apuesta". ¿Vendí? No, en definitiva, no. Me mantuve con la convicción de que el precio de la compañía se iba a recuperar. No sabía hasta cuánto, pero el plan estratégico de CEMEX me hacía todo el sentido. Definí puntos de decisión, que básicamente era mantener o vender cuando el precio de la acción tocara los $8, $12 y $14 pesos.

CEMEX vendía activos alrededor del mundo, pagando deuda y en búsqueda de recuperar el grado de inversión perdido tiempo atrás. Un año después, una vez que el mundo empezaba a volver a la normalidad, los mercados se recuperaron y pude vender el total de las acciones a un precio de $17.70, +2 % por encima del precio de compra.

¿Qué aprendí de esta experiencia?

» La importancia de evaluar y entender el modelo de negocio y no centrarme en el valor de la acción.
» La diversificación sin sentido es un error.
» Reconocer el error a tiempo y asumir pérdidas no es lo óptimo, pero es "parte del juego" (puke).
» La importancia de controlar tus emociones.
» Resiliencia, tarde o temprano te vas a equivocar: Warren Buffett.

Markowitz: La teoría de portafolios

La Teoría de Markowitz, también conocida como Teoría Moderna de Portafolios (MPT), es un marco fundamental en la gestión de inversiones que introduce la diversificación como un elemento clave para optimizar la relación entre riesgo y rendimiento en una cartera de inversión. En lo personal, me ayudó a crear un marco conceptual sobre el cual delinear mi estrategia de inversión.

Conceptos clave

» 1. Diversificar: Al invertir en una variedad de activos (acciones, bonos u otros instrumentos) que no estén perfectamente correlacionados, se puede reducir el riesgo general de la cartera sin sacrificar los rendimientos potenciales.

» 2. Frontera eficiente: Es una curva que representa el punto donde puedes obtener el mayor rendimiento para un nivel de riesgo dado o, por el contrario, el menor riesgo para un nivel de rendimiento determinado.

» 3. Riesgo y rendimiento: El modelo cuantifica el riesgo a través de la desviación estándar, mientras que el rendimiento se mide por el rendimiento esperado.

» 4. Correlación: Considera cómo se mueven los rendimientos de diferentes activos entre sí. Los activos con una correlación baja o negativa son más efectivos para reducir el riesgo de la cartera.

Para tratar de resumir y aterrizar los conceptos, podemos decir que la forma de gestionar la cartera es a través de la diversificación entre activos de alto y bajo riesgo. Esto se puede lograr al invertir en acciones que no sean del mismo sector; es decir, si inviertes en acciones de Google, Microsoft y Amazon, tu portafolio será más sensible al comportamiento del mercado (tanto al alza como a la baja), lo que nulifica el beneficio de la diversificación. Como podemos ver en la gráfica, las acciones siguen una misma tendencia.

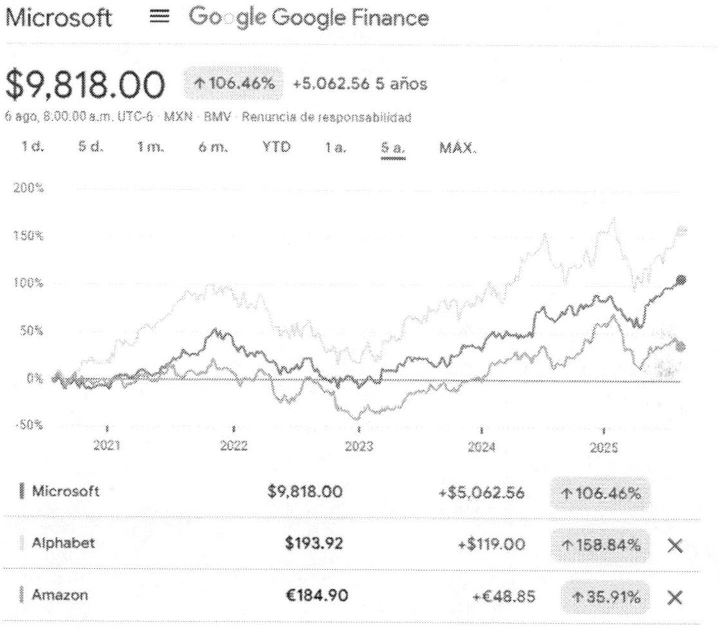

Pero si ahora comparamos a Coca-Cola contra Microsoft (MSFT) para analizar su comportamiento en los últimos cinco años, veremos que Coca-Cola (KO) es mucho más estable. Mientras que en el periodo 2022-2023 MSFT tuvo una caída significativa, la acción de KO se mantuvo prácticamente sin cambios, lo que hubiera reducido el impacto negativo en tu portafolio. Aquí radica el beneficio de la diversificación "inteligente"; por el contrario, en un mercado alcista, se hubiera desfavorecido la maximización de los rendimientos. La diversificación ayuda a gestionar el riesgo, pero también limita tus beneficios.

Por otro lado, seguro has escuchado la frase: "A mayor riesgo, mayor ganancia". Si profundizamos en este ejemplo, veremos que en 5 años KO dio un rendimiento del 45 %, frente al 106 % de MSFT; ciertamente, este último tuvo mayor riesgo, pero también un mayor rendimiento.

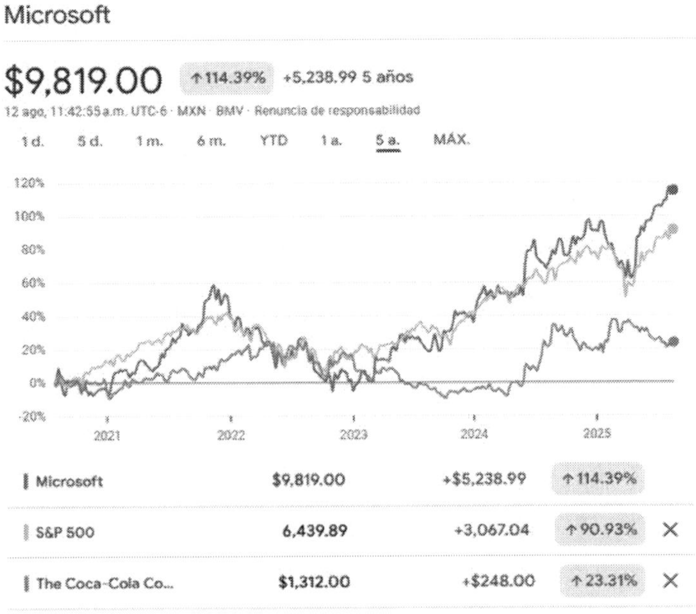

Insistiré nuevamente en que por ello es importante definir tu perfil de inversionista. ¿Qué hubieras hecho cuando Microsoft (MSFT) alcanzó su pico en 2021, cotizando a 343 USD, y en su punto más bajo tocó niveles de 221 USD, lo que significó una minusvalía del -36 %? ¿Hubieras vendido? ¿Habrías incrementado tu posición?

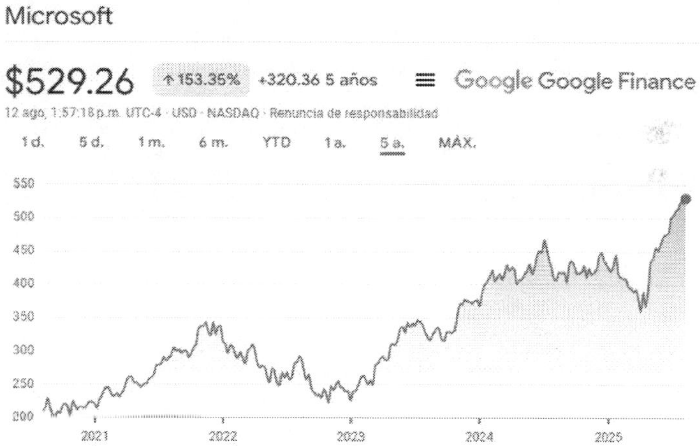

En la gráfica anterior, agregué el rendimiento de Coca-Cola (KO), pero también el comportamiento del S&P 500 que, como vimos anteriormente, mide el desempeño de las 500 compañías más grandes de Estados Unidos. Esto te da visibilidad de que existen compañías como MSFT, cuyo desempeño está por encima del rendimiento del mercado, o por debajo, como en el caso de KO.

Ahora, si observamos la siguiente gráfica, nos daremos cuenta de que el riesgo nunca es igual a "Cero", es decir, nunca se elimina por más que diversifiques. Y caso contrario si diversificas en exceso, tus ganancias se verán limitadas.

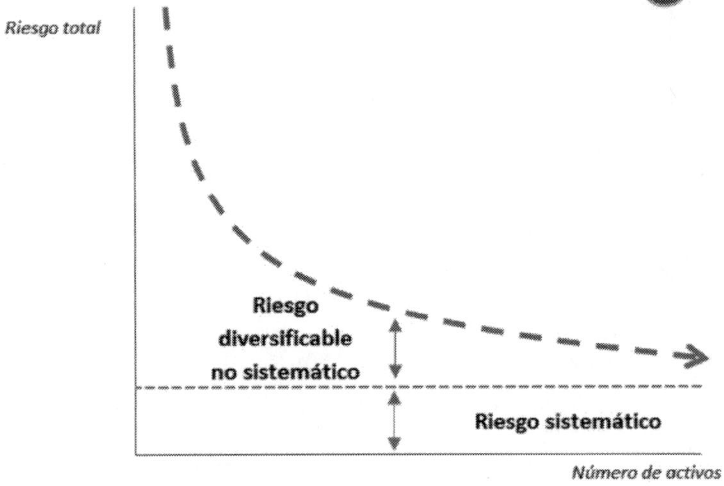

Por último, el riesgo sistemático es aquel riesgo implícito por el simple hecho de invertir, ligado a factores externos tales como guerras, recesiones económicas o factores gubernamentales, por mencionar algunos.

El riesgo no sistemático es aquel que puedes gestionar a través de la diversificación o de una correcta selección de compañías.

En resumen:

¿Diversificar es bueno? Si lo haces de manera inteligente y acorde a tu perfil de inversor, la respuesta es sí.

¿Cuántos activos debo tener en mi cartera? Considerando mi experiencia personal, ten tantos como puedas gestionar.

Actualmente, la mayor parte de mis recursos están concentrados en acciones de Microsoft (MSFT), Costco y en bonos de largo plazo.

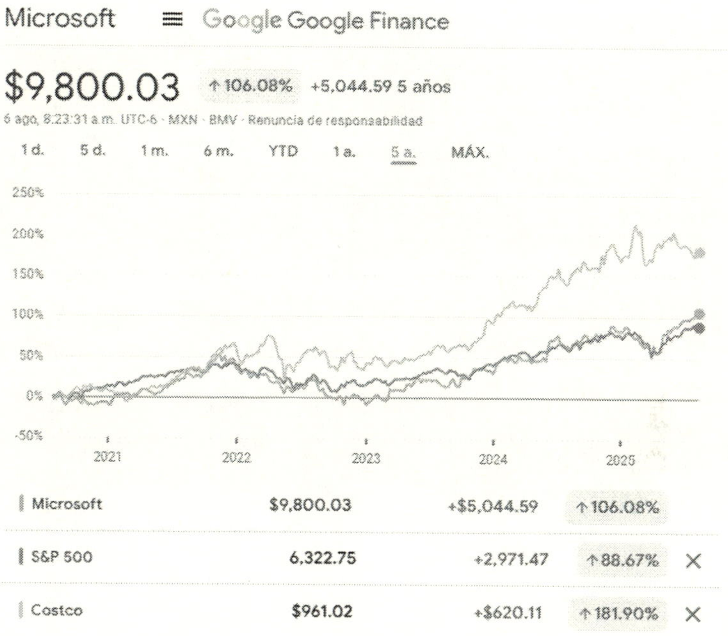

Hemos hablado de riesgo, entonces, surge la duda obligada: ¿cómo puedo saber si una compañía es de mayor riesgo quc otra?

Existe una métrica llamada Beta, que no es otra cosa más que un coeficiente que indica la volatilidad (riesgo) de un activo (acción, portafolio), y su interpretación es la siguiente:

Un valor de Beta mayor a 1 significa que tendrás más riesgo o beneficios que el mercado; es decir, si el índice de la bolsa baja o sube, la acción bajará de manera más profunda que el mercado y, en su caso, subirá por encima, maximizando tus beneficios.

Un valor de Beta menor a 1 significa que tendrás una acción más defensiva, con menor riesgo, por lo que, si el mercado de valores ajusta a la baja, el valor de tu acción lo hará con menor fuerza; y, en el caso contrario, si el mercado sube, el valor de tu acción subirá por debajo del mismo.

Siguiendo el mismo ejemplo de MSFT y KO, el valor de Beta para ambas compañías es de:

» MSFT = 1.05
» KO = 0.57

Como podemos observar, KO es una compañía considerada de menor riesgo que MSFT y, si revisamos en el gráfico, lo podremos confirmar: Coca-Cola se mantiene mucho más estable que MSFT, aunque con menores beneficios. "Mayor riesgo se traduce en mayores beneficios potenciales".

Resumiendo, si prefieres tener acciones cuyo valor de Beta sea mayor a 1, tendrás un perfil agresivo, de alto riesgo; en el caso contrario, puedes buscar compañías o sectores más defensivos, como el de consumo. Por ejemplo, el valor de la Beta para Walmart es de 0.54.

Si lo que buscas es tener un perfil de riesgo cuyo valor de Beta sea igual a 1, te recomiendo comprar un ETF que siga el S&P 500, como el VOO que revisamos en otro capítulo, o el NAFTRAC para el caso de México.

La Teoría de Markowitz, tiene algunas limitaciones; sin embargo, sigue siendo una base fundamental en la gestión de carteras.

Como comenté anteriormente, el uso de esta teoría me dio un marco conceptual de referencia para profundizar en la materia.

Reinversión: una máquina de generación de riqueza

"El interés compuesto, es la octava maravilla del mundo"

Albert Einstein

Theodore Johnson trabajó para la empresa de mensajería UPS desde su fundación en 1924 hasta su jubilación en 1952.

A lo largo de su vida, nunca ganó más de $14,000 dólares al año, pero acumuló una fortuna de $70 millones de dólares cuando llegó a la vejez.

Su estrategia fue simple pero inteligente: ahorraba consistentemente el 20 % de cada cheque de pago y de sus bonos de Navidad, invirtiéndolo todo en acciones de la propia empresa, UPS.

Mantuvo esta estrategia durante décadas, reinvirtiendo los dividendos. Con el paso del tiempo, y gracias al crecimiento constante de UPS, el valor de sus acciones se disparó hasta superar los $70 millones de dólares cuando tenía 90 años.

La historia de Theodore Johnson ilustra perfectamente el poder del interés compuesto y la importancia de la constancia y la paciencia en las inversiones a largo plazo. Aunque sus contribuciones iniciales parecían pequeñas, el efecto acumulativo del interés generado sobre el capital inicial y los beneficios reinvertidos a lo largo de muchos años produjo un resultado extraordinario.

Veamos la siguiente gráfica, que nos ayudará a dimensionar el interés compuesto y el ciclo al que me refiero. Para tal reflexión, compararemos el interés simple contra el compuesto, entendiendo que el interés simple implica la no reinversión de los beneficios obtenidos y el compuesto, lo contrario.

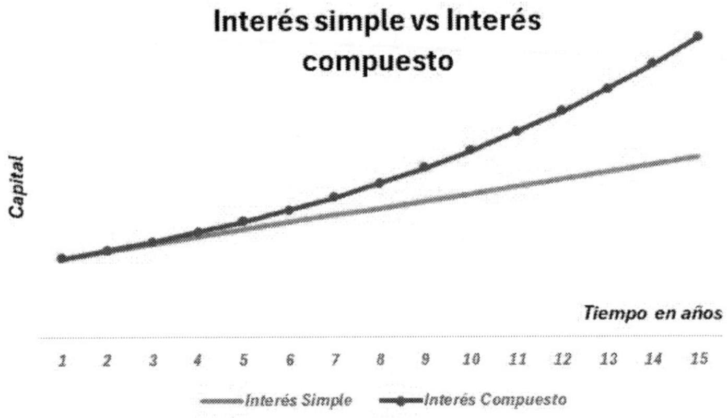

Lo que podemos concluir de la gráfica es:

» El mejor aliado de la inversión es el tiempo, la disciplina y la paciencia.

» El potencial del interés compuesto es a largo plazo.
» A partir del octavo año empieza un crecimiento exponencial.

La primera regla para lograr el interés compuesto es no interrumpirlo innecesariamente.

Charlie Munger

Si nos regresamos al ciclo virtuoso de las finanzas personales, podemos ver que el exceso de flujos de efectivo y su canalización a la inversión/reinversión darán frutos en el tiempo, por lo que debes procurar fomentarlo a una edad temprana y con una visión de largo plazo.

La mejor herencia que le puedes dar a tu hijo es el hábito del ahorro y la inversión.

Como hemos podido revisar, el ciclo virtuoso de las finanzas personales requiere de una visión de vida futura; la sistematización de hábitos y el enfoque "dependen de cada uno de nosotros".

Generar un exceso de flujos puede significar un esfuerzo adicional; invertir y reinvertir es la parte más fácil si eliges bien tu estrategia y definir tu estilo de inversor.

Estoy leyendo un libro titulado The Outsiders, escrito por William N. Thorndike Jr., que, en resumidas cuentas, habla sobre grandes directores de compañía considerados exitosos. Uno de los aprendizajes del libro es que parte del trabajo de un director de compañía es elegir dónde invertirá los recursos económicos que motiven el crecimiento a lo largo del tiempo. Si lo trasladamos a nuestra vida cotidiana, está en nosotros decidir cómo utilizamos nuestros recursos, no solamente los monetarios, sino también otros como el tiempo, el esfuerzo y el enfoque.

Te deseo mucho éxito en el diseño de tu estructura de finanzas personales. Podemos leer y aprender, pero lo valioso será la práctica y la disciplina. Espero que el libro te haya dejado algo que contribuya a tu éxito financiero.

Planes para el retiro

La planificación del retiro implica más allá de elegir la Afore que más te convenga.

Debemos considerar que, en muchos de los casos, hacia el retiro nos enfrentamos a lo que he llamado el "abandono del sistema", a ¿qué me refiero?

- » 1. La oferta laboral para adultos mayores, en el caso de México, es limitada.
- » 2. El acceso a créditos se vuelve escaso o nulo.
- » 3. Las pólizas de gastos médicos se encarecen.
- » 4. Sé es vulnerable a enfermedades crónicas.

El plan de retiro es algo integral y hay que considerar algunos puntos:

- » ¿A qué edad deseas retirarte?
- » ¿Cuál es el estilo de vida que deseas tener?
- » ¿Cuánto necesitarás para poder lograrlo?
- » ¿A qué te dedicarás en tus días de retiro?

» ¿Cuáles serán tus fuentes de ingreso?
» ¿Cómo enfrentarás las emergencias?

¿A qué edad deseas retirarte?

La edad determinada por el gobierno es a los 65 años. ¿Deseas retirarte antes, a los 65 o después? Debes tenerlo claro y actuar en consecuencia.

Definir el estilo de vida que deseas tener

¿Viajar? ¿Jugar golf? ¿Despertar cómodamente y leer el periódico mientras desayunas? Visualízate en tu retiro y escribe el estilo de vida que ambicionas.

¿A qué te vas a dedicar en tus días de retiro?

Mantenerse activo, cualquiera que sea tu visión, es una gran lección de vida que aprendí de mis padres. Y es que el trabajo tiene un impacto positivo en tu salud física y mental; cuando veo a tipos como Warren Buffett, Ray Dalio o Munger, me lo confirman.

Tus fuentes de ingreso

Al margen del punto anterior sobre mantenerte productivo, debes preguntarte: ¿cuánto necesitarás para disfrutar del estilo de vida que deseas tener y de dónde saldrán los recursos para poder financiarlo? Haz un presupuesto aproximado y calcula cuánto necesitarías; eso te dará una guía hacia dónde apuntar.

¿Cómo enfrentarás las emergencias de salud?

Nos guste o no, en algún momento de la vida el cuerpo nos pasa factura y debemos tener visualizado que necesitaremos recursos para cuidar de nuestra salud. De manera preventiva, debemos cuidar de ella a cualquier edad; seguramente, en un futuro lo agradeceremos.

El plan de retiro lo visualizo como un output; es un resultado del éxito de tu estructura financiera, cuyo alcance debemos tener previsto.

Planes de retiro financieros.

Actualmente, existen múltiples opciones que podemos elegir para nuestro plan de retiro. En esta parte del libro, revisaremos cuáles pueden ser los criterios que debes considerar y, al final, te compartiré la estrategia que sigo.

Antes, no sobra aclarar cuál es la diferencia entre AFORE y SIEFORE:

Una AFORE y una SIEFORE no son lo mismo, aunque están relacionadas.

» La AFORE es la institución que administra el ahorro para el retiro.
» La SIEFORE es el fondo de inversión en el que la AFORE invierte los recursos de los trabajadores para generar rendimientos.

Para fines pragmáticos, en la cotidianidad normalmente hablamos de Afores.

Una de las preguntas más comunes es: ¿debo realizar aportaciones voluntarias a mi AFORE?

Para dar tangibilidad a la respuesta, empecemos por revisar el indicador de rendimiento de las Afores, de acuerdo con la CONSAR.

Indicador de Rendimiento Neto de la SB 70-74*

Cifras al cierre de noviembre de 2024

AFORE	Indicador de Rendimiento Neto
Profuturo	**6.56%**
Inbursa	**6.25%**
PensionISSSTE	**5.94%**
XXI-Banorte	**5.88%**
SURA	**5.87%**
Principal	**5.86%**
Banamex	**5.42%**
Invercap	**5.31%**
Azteca	**5.16%**
Coppel	**5.10%**
Promedio Simple	5.74%
Promedio Ponderado**	5.88%

Indicador de Rendimiento Neto (IRN) es una herramienta que nos permite comparar de manera justa y objetiva el beneficio obtenido entre las diferentes Afores, por lo que podemos considerarlo para un análisis confiable. El indicador nos va a mostrar la ganancia neta que han generado las SIEFORES en el tiempo.

Es importante comentar que el IRN es calculado por la CONSAR (Comisión Nacional del Sistema de Ahorro para el Retiro) de acuerdo con el grupo de edades, que para mi caso se ubica en el rango de 1970-1974, por lo que te recomiendo ubicar el tuyo en la página de la CONSAR.gob.mx

A continuación, te comparto una tabla comparativa de rangos de edad que obtuve de la web de Sura, razón por la cual está remarcada.

Rendimiento Neto de la SB 85-89

cifras al cierre de noviembre 2024

AFORE	Rendimiento Neto
PROFUTURO	7.06%
INBURSA	6.39%
XXI BANORTE	6.11%
SURA	**5.91%**
PRINCIPAL	5.73%
PENSIONISSSTE	5.66%
BANAMEX	5.64%
INVERCAP	5.58%
COPPEL	5.46%
AZTECA	5.39%
Promedio Simple	5.89%
Promedio Ponderado*	5.95%

Rendimiento Neto de la SB 80-84

cifras al cierre de noviembre 2024

AFORE	Rendimiento Neto
PROFUTURO	6.87%
INBURSA	6.40%
XXI BANORTE	6.07%
SURA	**5.93%**
PRINCIPAL	5.70%
PENSIONISSSTE	5.65%
INVERCAP	5.64%
BANAMEX	5.59%
COPPEL	5.40%
AZTECA	5.21%
Promedio Simple	5.85%
Promedio Ponderado*	5.97%

Rendimiento Neto de la SB 75-79

cifras al cierre de noviembre 2024

AFORE	Rendimiento Neto
PROFUTURO	6.81%
INBURSA	6.38%
PRINCIPAL	6.03%
XXI BANORTE	5.92%
SURA	**5.90%**
PENSIONISSSTE	5.71%
BANAMEX	5.49%
INVERCAP	5.37%
COPPEL	5.32%
AZTECA	5.24%
Promedio Simple	5.82%
Promedio Ponderado*	5.96%

Siefore Básica 70-74

Para personas nacidas entre 1970 y 1974

Rendimiento Neto de la SB 70-74

cifras al cierre de noviembre 2024

AFORE	Rendimiento Neto
PROFUTURO	6.56%
INBURSA	6.25%
PENSIONISSSTE	5.96%
XXI BANORTE	5.88%
SURA	**5.87%**
PRINCIPAL	5.86%
BANAMEX	5.42%
INVERCAP	5.31%
AZTECA	5.16%
COPPEL	5.10%
Promedio Simple	5.74%
Promedio Ponderado*	5.88%

Siefore Básica 65-69

Para personas nacidas entre 1965 y 1969

Rendimiento Neto de la SB 65-69

cifras al cierre de noviembre 2024

AFORE	Rendimiento Neto
INBURSA	6.26%
PROFUTURO	6.13%
PENSIONISSSTE	6.12%
SURA	**5.78%**
PRINCIPAL	5.77%
XXI BANORTE	5.75%
INVERCAP	5.41%
AZTECA	5.29%
BANAMEX	5.03%
COPPEL	4.99%
Promedio Simple	5.68%
Promedio Ponderado*	5.72%

Siefore Básica 60-64

Para personas nacidas entre 1960 y 1964

Rendimiento Neto de la SB 60-64

cifras al cierre de noviembre 2024

AFORE	Rendimiento Neto
PENSIONISSSTE	5.91%
INBURSA	5.89%
PROFUTURO	5.78%
SURA	**5.70%**
PRINCIPAL	5.63%
AZTECA	5.27%
XXI BANORTE	5.26%
INVERCAP	5.18%
COPPEL	4.99%
BANAMEX	4.78%
Promedio Simple	5.43%
Promedio Ponderado*	5.47%

Como podrás ver, el rendimiento puede cambiar dependiendo del rango de edad.

Para tratar de ayudarte a contestar la pregunta: siempre será mejor acumular recursos para tu retiro que no hacerlo, por lo que realizar un ahorro voluntario a tu fondo de retiro es una opción viable. Ahora, si comparamos el índice de rendimiento neto contra la tasa de interés que han pagado los bonos gubernamentales, podemos ver que en los últimos años la tasa de Cetes ha sido mayor que el rendimiento de las SIEFORES.

El rendimiento de los bonos en este momento ronda entre el 9 % y 10 %, frente al 6 % de las Afores. Claro está que las aportaciones voluntarias son deducibles de impuestos, pero con esta comparación te puedes dar una idea más clara de hacia dónde canalizar tus recursos.

Por otro lado, en el mercado existen alternativas como los Planes Personales para el Retiro (PPR), que son gestionados por instituciones financieras y que, al igual que las aportaciones voluntarias, también son deducibles de impuestos, pero con la versatilidad de que puedes elegir entre varias opciones en qué invertir los recursos que ahí deposites.

Tengo contratado un Plan Personal para el Retiro (PPR) que está indexado al S&P500 con la ventaja de poder hacer aportaciones voluntarias de acuerdo con mis posibilidades, lo que me da flexibilidad y libertad para planificar mis flujos.

Definí una cantidad anual que no exceda lo permitido por la ley, monitoreo el comportamiento del S&P 500 durante el año y, si veo alguna corrección a la baja, la aprovecho; de no existir, de igual forma invierto en mi PPR para aprovechar el beneficio fiscal. Tener un plan de retiro es una pieza fundamental de tu estrategia financiera. Si estás evaluando contratar uno con alguna institución financiera, te comparto algunas preguntas a considerar:

- » 1. Rendimiento esperado. El rendimiento que te ofrecen, ¿es estimado o garantizado? ¿La tasa es superior a la de los Cetes?
- » 2. Comisiones de gestión. ¿Cuáles son las comisiones de gestión y cómo afectan a tu rendimiento?
- » 3. Flexibilidad. ¿Son planes forzosos? ¿Por cuánto tiempo? ¿Qué pasa si en algún punto se me complica aportar?
- » 4. Disposición de los recursos. ¿A qué edad podré disponer de ellos?
- » 5. Ventajas sobre otros planes. Compara contra otras compañías; busca a un bróker que sea especializado y te pueda hacer este análisis.
- » 6. Restricciones del plan. La disposición de tus recursos, una vez llegado el momento, ¿se realiza en una sola exhibición o en varias? ¿Pagarías impuestos?

Podemos resumir en:

- » Visualiza tu retiro.
- » Evalúa opciones.
- » Actúa en consecuencia.

Planes para la educación de los hijos

Al igual que en el caso de los planes de retiro, existen planes enfocados a pagar la educación futura de tus hijos; es una excelente herramienta que te va a impulsar a generar ahorro de una manera anticipada, lo que te dará muchas ventajas llegado el momento.

El costo de la educación en México se ha incrementado año con año y, en ocasiones, por encima de la inflación, por lo que tener un plan para ello es muy relevante.

De manera general, te diría que las preguntas a revisar para un plan de retiro son similares a las que se usan para poder escoger un plan educativo, por lo que puedes tomarlas de referencia.

Ahora bien, si retomamos el ejemplo del interés compuesto y tienes la disciplina de poder aportar constantemente tanto a tu plan de retiro como al plan educativo de tus hijos, puedes evaluar hacerlo por tu cuenta, invirtiendo en bonos gubernamentales y, eventualmente, en algún ETF. Puedes hacer un ejercicio proyectado de la mano de un experto o buscar en la web calculadoras de interés compuesto que pueden ayudarte con los cálculos.

Como dije al principio del libro, una de las características para una estructura financiera es la disciplina y la constancia; a como lo veo, el costo de no ser disciplinado y constante es pagar comisiones por gestión, frente a la posibilidad de hacerlo por cuenta propia.

¿Rentar o comprar casa? Pros y contras

Para los fines del capítulo, cuando me refiero a una casa, aplica lo mismo para un departamento.

Hace no mucho, me encontré con un caso: una persona que tenía el capital para comprar una casa.

Se enfrentaba a la opción de qué convenía más, si invertir o comprar. La respuesta que recibí fue contundente: «Quiero tener mi propia casa, que pueda adaptar a mi gusto, y tener la tranquilidad de poder vivir en ella sin el estrés de que el arrendador me la pida en cualquier momento».

En otra ocasión, una persona tenía el capital para comprar la casa y un excedente; ante la misma pregunta (¿qué me conviene?), pero con la misma visión de tener su propia casa, revisamos un ejercicio de interés compuesto. La decisión fue tener el dinero invertido por un periodo de tiempo y, con el rendimiento esperado, podría financiar gran parte del valor de la propiedad y, al mismo tiempo, poder pagar la renta con los beneficios mensuales. También es cierto que las casas no esperan, es decir, la casa que te gustó hoy, probablemente en un futuro ya no esté disponible, pero puede ser también que se construyan nuevos modelos con mejores amenidades que las actuales.

La compra de una casa es un tema polémico. Por un lado, están los que plantean que es mejor arrendar que comprar, argumentando que, financieramente, es lo que más conviene. Revisemos algunas ventajas de este escenario:

» 1. No pagas intereses.
» 2. Los pagos mayores de mantenimiento corren por cuenta del propietario.
» 3. El pago de impuestos, para el caso de México, el impuesto predial, no es tu responsabilidad.
» 4. Te ahorras el pago de seguros.
» 5. Flexibilidad. Puedes mudarte cuando te convenga.
» 6. El valor de la renta puede ser inferior al valor de la hipoteca.

Por el otro lado, la compra de una casa te ofrece:

» 1. Creas un patrimonio de largo plazo.
» 2. Tienes estabilidad y seguridad al ser propietario.
» 3. Puede convertirse en parte de una herencia.
» 4. El pago de intereses puedes deducirlo.
» 5. La casa se convierte en tu hogar.
» 6. Puedes adaptarla a tus necesidades.
» 7. Si la obtienes con un crédito a tasa fija, tienes la certidumbre del pago mensual y por cuánto tiempo.
» 8. La propiedad idealmente aumentará su valor con el paso del tiempo.

» 9. El valor de la renta de una casa similar puede ser superior al valor de la mensualidad de la hipoteca.

La decisión de comprar una casa es de largo plazo y siempre genera incertidumbre al tratarse de una deuda que puede ser de 15 a 20 años. Invariablemente, surgen preguntas como: ¿qué pasa si las cosas se complican?, ¿qué pasa si pierdo mi empleo? El manejo de la incertidumbre es parte de nuestra ecuación; debemos acostumbrarnos. En realidad, nadie sabe qué va a pasar en un futuro próximo o lejano. Las condiciones pueden cambiar, pero tomar riesgos es también parte de nuestra estructura financiera y debe incluirse en la planeación.

Si hacia adelante las cosas se complican y tienes la deuda, puedes hacer lo mismo que harías si tuvieras que pagar una renta: buscar opciones, como mudarte a una casa o departamento más barato. Pero, por otro lado, también podemos pensar que nos puede ir mejor, que nuestros ingresos pueden incrementar, que puedo encontrar un mejor trabajo, que me pueden promover o que mi negocio puede prosperar. Uno nunca sabe, pero lo que sí sabemos es que la toma de riesgos tiene su recompensa y sus gratificaciones en el futuro.

Personalmente, me siento más tranquilo sabiendo que el lugar donde vivo me pertenece y que, si me mudo, siempre tendré un lugar a donde regresar.

Entonces, si tu decisión y convicción es comprar una casa, como en mi caso, te comparto algunos puntos a considerar que pueden ayudarte. Esto dependerá de cada situación y momento, pero pueden darte una mejor idea.

» 1. Planificar la compra y crear un fondo específico.
» 2. Idealmente comprar una casa cuando las tasas de interés son bajas.
» 3. Ahorrar/invertir para dar un enganche que te permita dejar una mensualidad cómoda.
» 4. Que la mensualidad de la hipoteca sea equiparable a la renta de una casa en donde vivirías.
» 5. Aportaciones planeadas directas al capital, planeada y con especial foco en los primeros años del crédito.
» 6. De tus incrementos de ingresos puedes destinar un X% para realizar aportaciones al capital.
» 7. Una tasa fija; te dará certidumbre.

¿Cuál es el mejor momento de abonar capital a la hipoteca?

En realidad, en cualquier momento; mientras menos debas, es mejor, pero financieramente veamos el punto de mayor conveniencia, y analicemos la siguiente gráfica.

El gráfico anterior supone un crédito hipotecario a 15 años, a una tasa de interés del 10 % y con una cuota mensual de $10,000.00 pesos.

Como podemos observar en el gráfico, en la vida inicial del crédito, el 88 % de la cuota se aplica al pago de intereses y el remanente del 12 % se va a capital. Ante este escenario, las aportaciones a capital durante los primeros tres años del crédito tendrán un alto impacto a tu favor, reduciendo los intereses a pagar. Esto mismo aplica para otros tipos de crédito, como el automotriz o el personal.

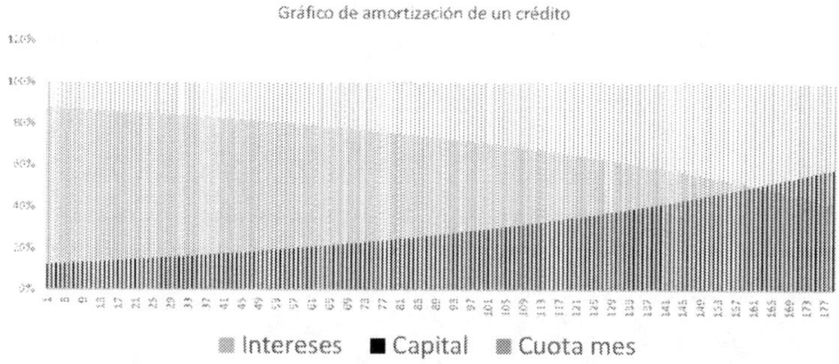

Otra conclusión que podemos sacar del gráfico es que las barras del capital superan a las del pago de intereses hacia el final del periodo.

Entonces, surge la pregunta: ¿cuánto debo abonar?, ¿todo lo que pueda? Es una opción, sin duda, pero para plantear un objetivo puedes considerar abonar mensualmente la misma cantidad que se aporta a capital o, dentro de tu presupuesto anual, asignar pagos fijos en momentos determinados.

En resumen, la compra de una casa depende de los objetivos personales de cada uno o de la pareja, si es el caso. Lo importante es planificar y estar preparados para cuando llegue el momento. Es cierto que, cuando las oportunidades se presentan, probablemente no tengamos el escenario ideal o perfecto (como tasas de interés bajas, por ejemplo), pero si tus finanzas personales son sanas y tienes dinero que ha crecido producto de las inversiones y ahorros, probablemente puedas capitalizar las oportunidades que se presenten y tengas opciones para tomar la mejor decisión.

El ejemplo que expuse es el personal, en este momento si tuviera que pagar renta, desembolsaría un 60% por encima del valor de la hipoteca.

Libros que puedo recomendar

» **Dinero: domina el juego, Tony Robbins**. Tony Robbins entrevista a grandes inversores, entre ellos a Ray Dalio, Mary Callahan, Paul Tudor, Warren Buffet y otros más. Cada uno de ellos comparte su estrategia de inversión, en una forma didáctica.

» **Inversionista en FIBRAS inmobiliarias, Antonio A. G. Castillo**. El autor te lleva de la mano en el entendimiento de las FIBRAS, análisis y estrategias; si es tu deseo invertir en bienes raíces, te puede ser útil.

» **Warren y Charlie: lecciones sobre la inversión, los negocios y la vida, Javier Caballero**. Un libro que en lo personal me ayudó a visualizar el contexto de los negocios desde una perspectiva "helicóptero"; es una mezcla entre consejos y estrategia de ambos inversores.

» **Tiende tu cama y otros pequeños hábitos que cambiarán tu vida, MC Raven, William H.** Libro enfocado a la resiliencia, el coraje de seguir adelante y la importancia de los buenos hábitos.

» **La semana laboral de 4 días, Timothy Ferris.** Lo que me gustó del libro es la invitación a crear un sistema que trabaje para ti, y te permita ir equilibrando tu vida.

» **El inversor inteligente, Benjamin Graham.** Libro que me ayudó a definir mi perfil de inversor.

José Alexander Carvajal Chávez

Llevo varios años invirtiendo mis propios recursos tanto en acciones como en bonos del Gobierno. Soy administrador de empresas de profesión, he continuado mis estudios de postgrado en finanzas y pude certificarme con Asesor en Estrategias de Inversión - Figura 3 -, avalado por la Asociación Mexicana de Instituciones bursátiles (AMIB).

Made in United States
Orlando, FL
04 November 2026

90205472R00058